Francine Prose
Völlerei

Cornelis Anthonisz [Teunissen]: »*Ein voller Mensch ist gar ein Schwein*«.
Holzschnitt (16. Jahrhundert)

Francine Prose

Völlerei

Die köstlichste Todsünde
Aus dem Amerikanischen von Friederike Meltendorf

Verlag Klaus Wagenbach   Berlin

Die englische Originalausgabe erschien erstmals 2003 unter dem Titel *Gluttony* bei Oxford University Press in New York.

Bildnachweis: S.2: Stiftung Preußischer Kulturbesitz bpk; S.9, 22, 31, 33, 43, 51: The Bridgeman Art Library, Berlin, S. 60: Archiv für Kunst und Geschichte AKG Berlin © VG Bild-Kunst, Bonn 2009; S. 85: © Banco de México Diego Rivera & Frieda Kahlo Museums Trust /VG Bild-Kunst, Bonn 2009. Alle übrigen Abbildungen (S. 16, 37, 41, 48, 55, 57, 62, 87) stammen aus dem Verlagsarchiv bzw. sind dem Yorck-Project entnommen.

Wagenbachs Taschenbuch 624
Deutsche Erstausgabe
1. Auflage 2009

© 2009 Verlag Klaus Wagenbach, Emser Straße 40/41, 10719 Berlin
Umschlaggestaltung: Julie August unter Verwendung eines Gemäldes von Peter Brueghel © Bridgeman Art Library. Reihenkonzept: Rainer Groothuis. Das Karnickel auf Seite 1 zeichnete Horst Rudolph. Gesetzt aus der Garamond von Nadine Wagner. Vorsatzpapier von peyer graphic gmbh. Gedruckt auf chlor- und säurefreiem Papier (Schleipen) und gebunden bei Pustet, Regensburg.
Printed in Germany. Alle Rechte vorbehalten

ISBN 978 3 8031 2624 5

Inhalt

Einleitung

Vor einigen Jahren war ich zu einem Lunch in ein Restaurant in Midtown Manhattan eingeladen, der Teil einer Veranstaltungsreihe zweier Frauen war, die ein Buch zum Thema Frauen und die Beziehung zu ihrem Körper, Essen, Ernährung, Abnehmen und dergleichen schrieben. Bei diesem Lunch wollten die Autorinnen hören, was die Frauen essen und was nicht und mit welchen Gefühlen sie das verbinden. Außerdem wollten sie schlaue Ernährungstipps aufschnappen, die ihren Leserinnen nützen könnten.

Die Runde bestand aus rund einem Dutzend Frauen. Einige waren füllig, einige schlank, alle attraktiv und anziehend, keine auch nur annähernd fett. Dennoch beschrieben viele ihr Verhältnis zum Essen als ein lebenslanges, grausames Ringen um Macht und Kontrolle.

Die Ansichten standen fest, die Fronten waren klar. Auf der einen Seite standen die Entschlossenheit der Frauen, ihr zerbrechliches Selbstbild und ihr Wunsch nach einem bestimmten Aussehen und einem bestimmten Körpergefühl. Auf der anderen stand der Kühlschrank mit dem Fünf-Liter-Kanister Schokoladeneis. Eine Frau beschrieb das Triumphgefühl, das sie erlebte, wenn sie die Packungen vom Takeaway abends heil nach Hause bekam, ohne den Inhalt schon im Auto hinunterzuschlingen. Eine andere verriet den hilfreichen Trick für kalorienbewusste Reisende, vor der Anreise in einem gebuchten Hotel anzurufen und darum zu bitten, die Minibar vor ihrer Ankunft auszuräumen.

Es überrascht nicht, dass die Auswahl des Mittagessens ein sehr bewusster, recht angespannter Akt war. Entscheidungen wurden getroffen und noch einmal überdacht, Bestellungen angezweifelt und revidiert. Welch einen Mut verlangte das schlichte Ordern einer Crème brûlée! Ich erinnere mich nicht mehr genau daran, was ich aß –, ich glaube, alle nahmen zunächst einen Salat – aber ich entsinne mich sehr genau des Impulses, zwei Desserts zu bestellen, nur um zu sehen, was passieren würde.

Eine derartige Veranstaltung ist in jedem anderen als unserem Jahrhundert schwer vorstellbar. Sie wirkt so ganz und gar modern, zeitgemäß und angesagt. Was hätten Thomas von Aquin oder der heilige Augustinus wohl von diesem Mittagessen gehalten oder auch von einer Welt, in der Frauen im Vorhinein telefonisch Direktiven über den Inhalt einer Minibar durchgeben? Und dennoch, hätte die Veranstaltung vor tausend Jahren stattgefunden – sagen wir in einem frühen Kirchengremium oder auf einer Synode –, hätte man wohl eher erkannt, worum es hier ging: nämlich um mehr als eine zwanglose Konversation über Körperbild und Ernährung. Es handelte sich eher um eine metaphysische Diskussion, um ein Forum zum Thema Körper und Geist. Denn worüber sonst redeten diese Frauen als über Sünde und Tugend, Enthaltsamkeit, Selbstkontrolle und die einschüchternde Herausforderung, den heftigen Versuchungen der Völlerei zu widerstehen?

Von allen Todsünden hat die Völlerei vielleicht die verblüffendste und paradoxeste Geschichte. Der Blick auf diese Sünde hat sich den jeweiligen gesellschaftlichen und kulturellen Obsessionen entsprechend verändert. Vom Mittelalter bis zum Beginn der Renaissance, in Jahrhunderten, in denen das allgemeine Bewusstsein von christlichen Grundsätzen geprägt und beherrscht wurde, nahm man an, die grundsätzliche Gefahr der Völlerei bestehe in ihrer Natur als Götzendienst, einer

Abb. 1 *Völlerei und Abstinenz* (15. Jahrhundert),
    aus: Jacques le Grant, *Le Livre des bonnes moeurs*

wortwörtlich genommenen Nabelschau, bei der der Bauch als
Gott verehrt wurde: ein Kult mit eigenen Ritualen und Regeln,
der den Gläubigen unausweichlich von der wahren, ursprünglichen Religion ablenke und wegführe.

Während der Renaissance und später in der industriellen
Revolution sowie im Rahmen der Rationalisierungstendenzen
des 18. Jahrhunderts wurden die Vorstellungen vom Himmel
wieder auf die Erde zurückgeholt. Als Ertrag der geleisteten
Arbeit wurden nun auch die Belohnungen im Hier und Jetzt
und nicht nur die im Jenseits anerkannt, wodurch die Völle-

rei ihr Stigma des Götzendienstes verlor, bis sie schließlich beinahe stolz zur Schau getragen wurde. Substanz und Gewicht der Speisen und vor allem das Vermögen, sich die fürstlichen Freuden des Tafelns leisten zu können, galten als sichtbare Zeichen von Lebendigkeit, Wohlstand und diesseitigem Erfolg, welche anzustreben Hauptmann und Fußsoldat gleichermaßen ermuntert wurden. Angetrieben durch frühe Gesundheits- und Wissenschafts-Publikationen wuchsen jedoch gleichzeitig die Sorge um die Gesundheit sowie der Wunsch nach einem langen Leben und einer harmonischen Balance, in der sich der Körper befinden sollte, und so stieg das Interesse an Ernährung, Diäten und Mäßigung.

Über die letzten Jahrzehnte, in denen sich unsere Vorstellung von Attraktivität und begehrenswerten Körpern so verändert hat, dass den Frauen (und in abgeschwächtem Maß auch den Männern) plötzlich abverlangt wurde, fit und dünn zu sein, wurde die Völlerei zu einer neuen Form der Bedrohung, diesmal für das in unserer Kultur bestehende Schönheitsdiktat. Mittlerweile führen unsere Fixierung auf Gesundheit, unsere quasi obszöne Faszination für Krankheit und Tod und unsere törichte Hoffnung, dass wir durch gute Ernährung und Training ewig leben können, dazu, dass das Essen allgemein und das Zu-viel-Essen insbesondere verteufelt werden. Gesundheitsbewusstsein und eine auf den Tod fixierte Kultur haben die Völlerei von einer Sünde, die andere Sünden nach sich zieht, in eine Krankheit verwandelt, die andere Krankheiten nach sich zieht.

Heutzutage würde niemand ernsthaft behaupten, dass maßloses oder genussvolles Essen ein Verbrechen gegen Gott sei, ein schweres moralisches Versagen, das uns direkt in die Hölle befördert. Wahrscheinlich streben nicht einmal die devotesten Gläubigen nach Beichte und Absolution, weil sie sich auf das Frühstück freuen oder sich am Vorabend den Freuden des Abendessens hingegeben haben. Und obwohl die Völlerei (zumindest in der allgemeinen Vorstellung) keine religiöse Überschreitung mehr darstellt, sind in unserer Kultur Essen, Ernährungsregeln und verwandte Bereiche wie Diät, Fettleibigkeit und dergleichen zu den wichtigsten Themen geworden. Ein kurzer Blick in die Ratgeberabteilung der Buchhandlung genügt, um festzustellen, wie viel Raum die Völlerei in ihrem neuen, säkularen Gewand im kollektiven Bewusstsein einnimmt. Auf jeden Ratgeber, der Hilfe zu den anderen modernen Varianten der Todsünden verspricht (Wenn Sex zur Sucht wird, Wohin mit meiner Wut? etc.), kommen Dutzende Bücher, die dem unglücklichen, von Selbsthass verzehrten Vielfraß oder Gierschlund (für sich genommen schon merklich aus der Mode gekommene Worte) zu Reue und Besserung verhelfen sollen.

Gleichzeitig sind die Strafen, die der moderne Vielfraß erleiden muss, komplexer und subtiler als die ewige Verdammnis. Da Völlerei nun nicht mehr eine Beleidigung Gottes darstellt, sondern einen Affront gegen die herrschenden Schönheits- und Gesundheitsstandards, ist auch der Preis der Sünde ein anderer geworden – eine Art Hölle auf Erden durch Mitleid, Schmach und Ekel seitens der anderen Erdenbürger. Die Pein des Vielfraßes ist umso öffentlicher und grausamer, da Völlerei die einzige Sünde ist, deren Auswirkungen sichtbar sind, dem Körper eingraviert – abgesehen von dem seltenen, glücklichen Stoffwechselwunder, bei dem die Früchte der Sünde verborgen bleiben. Anders als der Faulpelz, der bei Bedarf wach und aktiv erscheinen kann, muss der Vielfraß für die Überschreitung und Verletzung der ästhetischen Normen zahlen. Er muss sich einer Gesellschaft zeigen, die Fitness und Schlankheit eine extreme, möglicherweise sogar gefährliche Bedeutung zumisst. Zuweilen kann das Maß der Bestrafung für diese Sünde an die der in alle Ewigkeit Verdammten heranreichen. So ließ sich vor nicht allzu langer Zeit eine berühmte Sängerin den Magen verkleinern, eine Radikalkur gegen Völlerei – die Operation wurde als läuternde Massenunterhaltung im Internet übertragen.

Um der Entwicklungslinie der Völlerei auf die Spur zu kommen, muss man bedenken, woher wir kommen, wo wir heute stehen und worauf wir zustreben. Denn wenn es stimmt, dass der Mensch ist, was er isst, dann sagen die Gefühle zum Essen und zum Zu-viel-Essen viel darüber aus, was wir sind, was wir werden und welche Verbindungen und Konflikte zwischen den körperlichen Bedürfnissen und dem geistigen Hunger bestehen.

Kann denn Essen Sünde sein?

Zu früh, zu erlesen, zu viel, zu gierig, zu teuer. Auf diese fünf Arten offenbart sich, laut Gregor dem Großen, die Gaumenlust, beziehungsweise sie lauert dahinter, ködert ihre Opfer mit einer Extraportion, einer teuren Köstlichkeit oder einem verlockenden Happen zwischendurch.

> Bisweilen greift sie den Zeiten des Bedürfnisses voraus, bisweilen fordert sie erlesenere Speisen, bisweilen begehrt sie eine sorgfältigere Zubereitung der Speisen, bisweilen überschreitet sie hinsichtlich der Menge der Speise das Maß der Sättigung, bisweilen sündigt jemand durch die Hitze unermesslichen Verlangens.[1]

Tatsächlich beschreiben Gregors Worte die Art, wie die meisten von uns im Alltag essen, über das Essen nachdenken oder das Essen planen. Von den fünf Warnzeichen, die laut dem Papst des 6. Jahrhunderts den Sünder kennzeichnen, assoziieren wir mit Völlerei nur noch zwei: »zu gierig« und »zu viel«. Oder klingt der Wunsch nach erlesenen Speisen oder sorgfältiger Zubereitung wie ein Verbrechen gegen Gott, wie das Böse, das uns auf ewig in den dritten Kreis der Hölle verbannt? Wenn Völlerei tatsächlich eine Sünde ist, wer von uns ist dann nicht schuldig?

Genau wie bei ihrer Schwester, der Wollust, haben wir es bei der Völlerei mit einem Geflecht von komplexen Verhaltensweisen zwischen Notwendigkeit und Vergnügen zu tun. Anders als die anderen Todsünden sind Wollust und Völlerei mit

13

Handlungen verbunden, die für das Überleben des Individuums und der Spezies notwendig sind. Man muss essen, um zu leben, und vermutlich würde die menschliche Rasse aussterben, wenn sich der Zauber der Wollust nie entfalten dürfte. Die Kirche hat keine Wahl, sie muss diese offensichtlichen Realitäten anerkennen und akzeptieren. Da Hunger und sexuelles Verlangen zu den Grundinstinkten des Menschen gehören, mussten sogar die Kirchenväter, diese nimmermüden Kämpfer gegen den Aufruhr biologischer Impulse, einsehen, dass Wollust und Völlerei nicht auf dieselbe Art bekämpft werden können, wie es den Gläubigen im Kampf gegen die Dämonen Stolz, Neid und Gier empfohlen wird. So hat der Mönch Johannes Cassianus im 4. Jahrhundert die natürlichen Neigungen Völlerei und Wollust sehr weise als Krankheiten bezeichnet, die einer umfassenden Behandlung bedürfen.

Von alters her hat man das Problem der Völlerei und der Lust dadurch gelöst, dass man erst dann von Sünde spricht, wenn wir uns erlauben, zu entspannen und die Befriedigung unserer körperlichen Bedürfnisse zu *genießen*. Wir dürfen essen und Sex haben, solange wir es nicht *mögen*. So wie der wahre Gläubige vor der Herausforderung steht, fruchtbar zu sein und sich zu vermehren, ohne Lust zu empfinden, sollte es schließlich auch möglich sein zu essen, ohne dass es einem schmeckt. In der Auseinandersetzung mit Völlerei geht es um das Mindestmaß, das wir zum Überleben brauchen, und um die klare Unterscheidung zwischen dem täglich nötigen Minimum an Kalorien und schädlichen Einflüssen wie Vergnügen, Verlangen und Besessenheit. Bei Wollust wie Völlerei zählt weniger die Frage nach der eigentlichen Handlung als vielmehr die des Motivs, es geht weniger um das Was (den Inhalt) als um das Wie (Leidenschaft), weniger um den Impuls als um den Zwang.

Evagrius Ponticus, dessen asketische Lebensweise in der Wüste im 4. Jahrhundert einen Protest gegen die Völlerei darstellte und ihm gleichzeitig die Möglichkeit bot, eine beträchtliche Zeit über die Natur derselben zu reflektieren, verdanken wir die vielleicht kompakteste Definition dieser Sünde, die bei Weitem nicht so logisch und systematisch ist wie die von Gregor dem Großen, aber weitaus lyrischer und packender:

> Völlerei ist die Mutter der Wollust, Nahrung für teuflische Gedanken, Faulheit im Fasten, Hindernis für die Askese, Schrecken für jede Moral, Phantasterei übers Essen, überstürztes Würzen, ein zügelloses Fohlen, wilde Ekstase, Nährboden für Krankheiten, Neid auf Gesundheit, Verstopfung der Körperkanäle, Stöhnen der Gedärme, extremer Frevel, Kamerad der Lust, Verschmutzung des Geistes, Schwächung des Körpers, gestörter Schlaf und düsterer Tod.[2]

Über die Jahrhunderte haben sich die Bedeutung, die zentrale Stellung und der eigentliche Charakter der Sünde dahingehend verändert, dass sich das grundlegende Misstrauen gegen die Wonnen des Körpers in der jüdisch-christlichen Kultur ausgeweitet und verschärft hat. Und erst in ihrem aktuellen Gewand, der herrschenden Abscheu gegenüber Fleisch, Fett und Übergewicht, sind die Assoziationen von Völlerei mit Freude beinahe völlig verlorengegangen.

Über die letzten Jahrzehnte wurde entsprechend dem puritanischen Vermächtnis, das mit den kapitalistischen Interessen Hand in Hand geht, das Gleichgewicht zwischen Verlangen und Befriedigung geschickt verschoben, indem die Idee, dass Menschen unter Umständen *gerne* essen, durch die Behauptung ersetzt wurde, wir äßen grundsätzlich aus Zwang, aufgrund einer Krankheit oder Impulsen der Selbstzerstörung, aus dem Wunsch nach Selbstauslöschung oder um Intimität und soziale Kontakte zu meiden. Da unser kulturelles Interesse an Gott, Religion und dem Leben nach dem Tod von einer Obsession für Gesundheit und daraus

Abb. 2 *Papst Gregor der Große diktiert einem Schreiber*, Biblioteca Laurenziana, Florenz

folgend von der Phantasie niemals endender Jugend und ewigen Lebens abgelöst wurde, muss der Vielfraß nun nicht mehr die Strafen im Leben nach dem Tod fürchten, sondern vielmehr den Tod selbst – einen vorzeitigen Tod, verursacht durch Zügellosigkeit, Exzess und elende Maßlosigkeit.

Die Superhelden der Völlerei – von Gargantua bis Diamond Jim Brady – wurden in die fernen, dunklen Ecken der unaufgeklärten Vergangenheit verdrängt. Ihre Erben – die großen Esser unserer Zeit – gelten allgemein als Freaks, Soziopathen oder, noch öfter, schlicht als Verlierer, Außenseiter oder unglückliche menschliche Kreaturen. Manchmal gibt es in den Boulevardnachrichten als Hauptattraktion zur besten Sendezeit Beiträge über besonders fettleibige Menschen, die zeigen sollen, was mit uns geschehen könnte, würden wir die Aufrufe der sozialen Kontrollinstanzen und unseres labilen Über-Ichs nicht beherzigen. Oft geht es in diesen »Nachrichten« um traurige Frauen oder Männer, die dermaßen in die Breite gegangen sind, dass sie nur noch mit einem Team von Handwerkern aus dem Haus kommen, die erst einmal die Tür verbreitern müssen.

In der Öffentlichkeit herrscht eine Hassliebe für männliche und weibliche Filmstars und Diven, die gewaltige Gewichtsmengen zu- und abnehmen. Als Liza Minelli im Frühjahr 2002 heiratete, wurde überall berichtet, dass sie in Vorbereitung auf ihre Hochzeit rund 50 Kilo abgenommen habe. Ist man heutzutage übergewichtig, bedeutet das scheinbar als Allerletztes, dass man eine Leidenschaft für den Geschmack und die Aromen guter Speisen hat.

Bei allem Abscheu vor minimaler Gewichtszunahme und geringster Fettvermehrung ist unser Kulturkreis gleichzeitig fixiert auf die Entdeckung der exquisitesten Restaurants und der neuesten exotischsten Zutaten. Diese Doppelbödigkeit zeigt sich häufig darin, dass reiche dünne junge Menschen in derartigen Restaurants winzige, absurd teure Mahlzeiten zu sich nehmen oder, schlimmer noch, dass massenweise Formen von Essstörungen auftreten, weil junge Frauen mit den widersprüchlichen Botschaften, die in der Gesellschaft kursieren, verständlicherweise nicht umgehen können. Man ist sich heutzutage weitgehend einig, dass Menschen mit Essstörungen, die modernen Vielfraße, »unbearbeitete Probleme« haben, wie etwa ein geringes Selbstwertgefühl, Missbrauchserfahrungen oder das Gefühl einer bodenlosen Leere, die sie zu füllen hoffen, indem sie riesige Mengen an ungesundem, dickmachendem Essen in sich hineinstopfen. Wenn auch fehlerhaft und einseitig, erscheint es dem säkularen Geist wohl logischer und einleuchtender, in der Völlerei eine psychologische Störung zu sehen als ein Verbrechen gegen die göttliche Ordnung.

Wer hat überhaupt entschieden, dass Völlerei eine *Sünde* ist? Wem schadet sie, außer dem Gierschlund selbst? Zugegebenermaßen können der Akt und die physischen Auswirkungen der Völlerei überaus unattraktiv sein, aber dennoch ist diese Sünde nicht annähernd so unästhetisch wie der widerwärtige und beschämende Anblick von Trägheit, Geiz und Neid. Außerdem ist Völlerei nicht so eindeutig gefährlich wie Stolz und Wut, die extrem leicht zu Streit, Gewalt und Chaos führen können.

Man kann sich die Entschlossenheit und Gemütsruhe vorstellen, mit der die Kirchenväter auswählten, was in die Liste der Sieben Todsünden aufzunehmen sei. Stolz und Wut waren vermutlich offensichtliche Kandidaten. Neid und Wollust können verheerenden Schaden anrichten und Menschenopfer fordern. Aber wer bitte leidet, wenn wir, in einem winzigen Moment der Selbstvergessenheit, uns jenes zweite oder gar dritte Stück Nusstorte nehmen?

Warum also wurde übermäßiges Essen nicht nur ein schlichtes Laster, sondern eines der Kardinallaster, mit denen man Verdorbenheit und Ansteckungsgefahr assoziiert, eine Sünde, die zu weiteren Sünden führt, eine Einstiegssünde zu größerem Übel? Der heilige Augustinus behauptete ohne große Erklärung, dass Völlerei zu Schmeichelei führe. Vielleicht dachte er dabei an die bauchpinselnden Lügen, die Menschen erfinden, um sich eine Einladung an eine legendär üppige, großzügig gedeckte Tafel zu sichern.

Die Gedanken der frühen Theologen über die beschmutzenden Eigenschaften der Völlerei fallen vorwiegend in zwei Kategorien, die sich keineswegs gegenseitig ausschließen. Der erste Einwand gegen die Völlerei besteht darin, dass die Anbetung der Sinne im Allgemeinen und die des Geschmackssinnes im Besonderen unsere Aufmerksamkeit von den heiligen Dingen ablenkt und an die Stelle der Gottesverehrung tritt. In Predigten und Warnungen gegen die Völlerei findet sich immer wieder die Metapher des Bauchs als Gott, als Objekt der Anbetung. Paulus greift das Thema im Brief an die Römer auf (Römer 16, 17–18): »Ich ermahne euch aber, liebe Brüder, dass ihr euch in Acht nehmt vor denen, die Zwietracht säen und die Lehre beleidigen, die ihr gelernt habt, und euch von ihnen abwendet. Denn solche dienen nicht unserm Herrn Christus, sondern ihrem Bauch; und durch süße Worte und prächtige Reden verführen sie die Herzen der Arglosen.« Im Brief an die Philipper kommt er wieder auf diesen Punkt zu sprechen (Philipper 3, 18-19): »Denn viele leben so, dass ich euch oft von ihnen gesagt habe, nun aber sage ich's sogar unter Tränen: Sie sind die Feinde des Kreuzes Christi. Ihr Ende ist die Verdammnis, ihr Gott ist der Bauch und ihre Ehre ist in ihrer Schande; sie sind irdisch gesinnt.«

Der zweiten Theorie zufolge reduziert die Völlerei unsere Wachsamkeit, schwächt unsere moralischen Abwehrkräfte und ebnet damit den Weg für Ausschweifungen und Lüsternheit, ein Argument, das insbesondere in den Jahrhunderten stichhaltig schien, in denen »Völlerei« nicht nur, wie heute üblich, exzessives Essen, sondern auch übermäßigen Trinkgenuss bezeichnete. Für den heiligen Basilius bestand eine sehr direkte Verbindung zwischen Völlerei und Wollust, denn »durch die Berührung beim Schmecken, die durch das Schlucken immer zur Völlerei verführt, wird der Körper, gefüllt und durch das unkontrollierte Gluckern der sanften Körpersäfte angenehm erregt, in Ekstase zum Geschlechtsakt geführt.«[3]

In seiner Argumentation für die Aufnahme der Völlerei in die Liste der Todsünden, also der Sünden, die zu anderen Sünden führen, führt Thomas von Aquin die »fünf Töchter« an, die übermäßiges Essen möglicherweise hervorbringt: »Ausgelassenheit, Albernheit, Unreinheit, Geschwätzigkeit und Dumpfheit des Geistes.«[4] Allgemein galt, dass übermäßiger Genuss der Wollust, Wut und Trägheit Tür und Tor öffnet. Mit anderen Worten, dass sich die sechs Töchter in unser Verhalten einschleichen, wenn wir betrunken oder mit Essen vollgestopft sind, wenn wir uns in einen Zustand der Bewusstlosigkeit gegessen haben, in dem wir aufhören, rational zu denken, sodass wir ein Verhalten an den Tag legen, das in der Selbstwahrnehmung weit besser aussieht als von außen.

Nach einer mittelalterlichen Legende wurde der Eremit John von Beverly von Gott versucht, als der ihm einen Engel sandte und ihn zwang, sich zwischen drei Sünden zu entscheiden: Trunkenheit, Vergewaltigung und Mord. Wie es wohl jeder getan hätte, wählte der Eremit vernünftigerweise die Trunkenheit. Wie sich herausstellte, war das aber doch nicht so vernünftig, denn in seinem trunkenen besinnungslosen Stupor vergewaltigte und ermordete er seine eigene Schwester.

In den *Canterbury-Erzählungen* von Geoffrey Chaucer finden wir in der Erzählung des eitlen, korrupten, stolzen, reuelosen und zweideutigen Ablasshändlers zwar eine Illustration dessen, dass Gier (eine Sünde, die dem geschäftstüchtigen Ablasshändler aus erster Hand vertraut sein dürfte) die Wurzel allen Übels ist. Doch wie sich zeigt, ist die Gier nur eine Art Nebenprodukt der eigentlichen Sünde, die das dunkle Herzstück der Erzählung darstellt, der Völlerei.

Teils Erzählung, teils Predigt, teils Parodie einer Predigt, beschwört der Ablasshändler in seinen anklagenden, erhitzten Schimpftiraden quälend und schauerlich die Töchter der Völlerei: das chaotische, gewalttätige Grauen, das Essen und Trinken hervorrufen kann. In dieser Hinsicht ähnelt die Geschichte der von John von Beverly und liefert einen weiteren blutrünstigen Beweis dafür, dass die trügerisch harmlos wirkende Sünde der Völlerei die Mutter weit schlimmeren Übels sein kann. Sie ist eine Art Eilmarsch, ein atemloses Jagen durch beliebte historische Argumente gegen übermäßiges Essen und Trinken, ein Geschimpfe aus früheren Jahrhunderten, das zu Chaucers Zei ten zweifelsohne gerade von Gestalten wie eben diesem Ablass-händler zu hören war.

Der Ablasshändler beginnt mit der Beschreibung einer Gruppe junger Wüstlinge in Flandern, allesamt starke Esser und harte Trinker, gottlose Kerle, Kneipengänger, Kunden von Prostituierten und Tänzerinnen, die arbeiten, um

> die böse Fleischeslust zu schüren,
> die der Völlerei auf dem Fuße folgt.
> Die Heilige Schrift sei mein Zeuge:
> Im Wein und in der Trunkenheit verbirgt sich das Laster.[5]

Der Ablasshändler unterbricht seine Geschichte, um die biblische Autorität aufzurufen. Er zitiert die Geschichte von Lot, der so viel trank, dass er nicht mehr merkte, dass er mit seinen eigenen Töchtern schlief, und das Verbrechen des Herodes, der sich im betrunkenen Zustand überreden ließ, Johannes den Täufer enthaupten zu lassen. Obendrein zieht er als zusätzlichen Beleg für seine Klage die Klassiker heran und wirft eine Bemerkung von Seneca darüber ein, wie schwer es sei, einen Betrunkenen von einem zu unterscheiden, der den Verstand verloren hat. Mittlerweile hat der Ablasshändler die drei Zecher von Flandern fast vergessen und ist in seiner Predigt so weit gediehen, dass er seine dem Essen und Trinken zugeneigten Zuhörer sicher davon überzeugt hätte, dass sie dringend der Absolution bedürfen, die sie zusammen mit den heiligen Reliquien des Ablasshändlers erwerben können. Seine Predigt gleicht einer Arie, in der der Spannungsbogen in einer Serie von Crescendi, direkten Anreden und reinen Flüchen ansteigt:

> Oh, du verfluchte Völlerei,
> du Grund unseres ersten Falls
> und Wurzel unserer Verdammnis.[6]

Abb. 3   Joos van Gent (ca. 1435–1480), *Thomas von Aquin* (1225–1274)

Bald gelangt der Ablasshändler auf rhetorischen Umwegen zurück zu Adam und Eva, die glückselig im Paradies lebten, während sie fasteten, aber verjagt wurden, als sie sich der Völlerei ergaben und die verbotene Frucht vom Baum pflückten. »Wenn der Mensch nur wüßte, wie viel Elend aus Völlerei und Unmaß entsteht, so wäre er mäßiger beim Essen! Überall auf der Welt quälen die Leckerzunge und der kurze Schlund den Fresser.«[7] Der Ablasshändler zitiert an dieser Stelle Paulus und schwingt sich dann auf, die Körperfülle anzuprangern: »Oh Wanst! Oh Bauch! Stinkende Höhle voll Fäulnis und Kot! Nach beiden Seiten stößt du gräßliche Laute aus.«[8] So geht es immer weiter, es folgt eine Beschreibung des typischen Trinkers (hässlich, mit faulem Atem, widerlich seine Umarmung), und er lässt nicht locker, bis er zu der Geschichte vom Tod Attilas kommt. »Ihn traf ein ehrloser Tod im Schlaf, denn in seiner Trunkenheit stürzte Blut ihm aus der Nase.«[9] Nach einer kurzen Meditation über die Übel der Spielsucht und des Fluchens nimmt der Ablasshändler den Faden seiner Erzählung wieder auf.

Die drei Zecher von Flandern hören das Läuten der Totenglocke und fragen, offensichtlich zu berauscht, um den Klang zu erkennen, was das denn sei. Als man ihnen sagt, dass der Tod mit seinem Helfer, der Pest, in der Gegend ein gutes Stück vorangekommen sei, schwören sie, den Tod zu finden und ihn umzubringen. Während sie weitertorkeln, treffen sie einen geheimnisvollen alten Mann, der ihnen den Weg zu einem Baum weist, unter dem sie den Tod finden werden. Doch stattdessen finden sie acht Scheffel Goldtaler. Im Suff entscheiden sie, unter dem Baum zu warten, bis die Nacht hereinbricht, um das Gold dann, ohne gesehen zu werden, sicher wegzuschaffen. Dann schicken sie den jüngsten der drei Zechbrüder in die Stadt, um mehr Speisen und Getränke herbeizuholen.

Während seiner Abwesenheit hecken die beiden anderen den Plan aus, den dritten bei seiner Rückkehr zu ermorden, sodass sie mehr von dem Gold bekommen – eine Idee, die leider auch dem jüngeren Freund gekommen ist, der Krüge mit vergiftetem Wein herbeiträgt. Nachdem sie den Jüngeren ermordet haben, feiern die beiden Zecher mit dem vergifteten Wein und sterben. So haben schließlich alle den Tod gefunden und sich auf dem Weg dahin an allen Sünden abgearbeitet, die durch die Todsünde Völlerei mit Trunksucht und übermäßigen Genuss aufkeimen können: Wut, Verrat, Dummheit, Stolz, Gier und schließlich Mord.

Chaucers Portrait der Vielfraße und Zecher ist auch einer Darstellung der Völlerei in einem anderen Werk des 14. Jahrhunderts, William Langlands *The Vision of Piers Plowman* (Die Vision von Piers dem Pflüger), nicht unähnlich:

> Auch Völlerei verfluchte er,
> Tagein, tagaus zu trinken in tausend Tavernen,
> Zu nerven, zu necken und niederzumachen die nächsten Christen.
> Und an Fastentagen zu futtern vor der vollen Stunde
> Und dann zu sitzen und schmausen, bis der Schlaf sie umsäuselt,
> Und sich zu paaren wie das Stadtschwein
> und sich behaglich betten,
> Bis von Faulheit und viel Schlaf die Flanken füllig glänzen;
> Und wahrlich hoffnungslos, sie so zu wecken –
> nicht willens, sich zu ändern;
> Sie glauben sich verloren. So ists ihr sichres Ende.[10]

In seinem Werk *Von der Nachfolge Christi* fasst Thomas von Kempen die Sache noch prägnanter: »Ist der Wanst voll Speis und Trank, steht die Unkeuschheit vor der Tür.«[11] Wir können natürlich nicht achtsam sein gegen Gott und unsere Endlichkeit oder auch nur gegen unsere menschliche Natur und unsere moralischen Pflichten, wenn wir uns, hingerissen von der Völlerei, verhalten wie das Tier, das zum Symbol der Sünde wurde, mit einem Wort: wie ein Schwein.

Wie wurde die Völlerei während ihrer sonderbaren, langen und andauernden Karriere zu etwas so viel Schwerwiegenderem als einer heimlichen Verfehlung, die den Sünder in der Stille der Nacht beunruhigt, wenn man voll des Bedauerns über das letzte Lammkotelett oder die zweite Schüssel Reispudding erwacht? Wie entwuchs die Völlerei der persönlichen Liste von Charakterschwächen, die der reuevolle Sünder in der privaten Atmosphäre des Beichtstuhls flüsternd büßen kann? Wie wurde sie zu dem, was sie heute ist, zu einer so furchtbar öffentlichen Sünde, einem beinahe unverzeihlichen Verbrechen gegen sich und die Gesellschaft, die nicht nur permanent zur Schau getragen wird, wie Hester Prynnes scharlachrotes A, als Zeichen der Schande, das den Sünder brandmarkt, sondern das sich tief im Körper des Sünders einnistet wie das grauenhafte Weltraummonster *Alien*? Wie wurden die Völlerei und damit verbundene Themen wie Schlankheit, Körperbild, Gewicht und Essstörungen zu einer derart verbreiteten und raumgreifenden kulturellen Obsession, die uns – wenn wir, wie einige Kirchenväter es tun, Sünde als Gegenstand und Grund eines übermäßigen Interesses und Verlangens definieren – zu einem Volk der Vielfraße, zu einer Gesellschaft von Sündern hat werden lassen?

Wie bei Chaucers Ablasshändler wurde von denen, die die Entwicklungslinie der Völlerei nachzeichnen und ihre Wurzeln bis zu den Anfängen der jüdisch-christlichen Tradition zurückverfolgen, oft behauptet, dass das Verlangen, sich der Völlerei hinzugeben, eine der Antriebsfedern war, die Adam und Eva in Versuchung führten, die verbotene Frucht zu essen. In ihrer klugen Studie zum Fasten im Mittelalter, *The Burden of the Flesh,* zitiert Teresa M. Shaw die frühen Religionsphilosophen, die wie der Ablasshändler argumentierten, dass wir, wenn Adam sich in Enthaltung oder Mäßigung geübt hätte, noch heute alle nackt herumtanzen, die Früchte des Gartens genießen und den Tieren im Garten Eden Namen geben würden. Zudem predigten die Kirchenväter, dass den Christen, die zu fasten begännen, womöglich auf wundersame Weise die Rückkehr zur verlorenen Reinheit des Paradieses gewährt würde.

Diese Interpretation von Adams Fall wird häufig auch in der Völlerei-führt-zu-Lüsternheit-Argumentation gegen exzessives Essen und Trinken angeführt. Erst aßen Adam und Eva vom Apfel, dann entdeckten sie Sex. Erst Völlerei, dann Wollust. Man könnte logischer argumentieren, dass ein Bissen von einem Apfel kaum als völlereiverdächtiges Essen oder Trinken bezeichnet werden kann und schon gar nicht als eine Essensorgie, wie etwa die in Tony Richardsons Verfilmung von *Tom Jones*, bei der es nahtlos vom Tisch ins Bett geht. Man verpasst doch die Hauptaussage dieses Teils der Schöpfungsgeschichte, wenn man nicht versteht, dass Adams und Evas Sünde der Ungehorsam war. Mit Sicherheit hätten echte Vielfraße im Garten Eden wohl eher den gesamten *Ertrag* vom Baum der Weisheit vertilgt.

Prediger, Theologen und neuerdings auch Betreiber christlicher Websites durchkämmen die Bibel auf der Suche nach Warnungen gegen übermäßigen kulinarischen Genuss, finden aber nicht viel mehr als das negative Beispiel des betrunkenen Noah, das allgemeine Lob der Tugend der Mäßigung und Ermahnungen, den Körper als Tempel des Heiligen Geistes zu behandeln. In Sprüche 23,20–21 finden wir den Rat: »Sei nicht unter den Säufern und Schlemmern; denn die Säufer und Schlemmer verarmen, und ein Schläfer muss zerrissene Kleider tragen.« Doch das Bild der Säufer und Schlemmer korrespondiert nicht mit der Sünde, mit der wir konfrontiert sind, wenn wir uns alleine mit Stampfkartoffeln wiederfinden. Wenn im 5. Buch Mose die Eltern angehalten werden, den missratenen Sohn als Säufer und Vielfraß anzuprangern und ihn danach vom gemeinen Volk zu Tode steinigen zu lassen, sorgt die Anklage wegen Völlerei eher für neuen Schwung in der Geschichte und dient als

Dreingabe zur wahren Sünde des Sohns, die in Aufrührertum und Ungehorsam besteht – in der Rebellion gegen die Autorität der Eltern und damit auch gegen Gott.

Wenn in den Sprüchen die Dinge aufgezählt werden, die Gott hasst – stolze Augen, falsche Zunge, Hände, die unschuldiges Blut vergießen, ein Herz, das Ränke schmiedet, Füße, die behende sind, Schaden zu tun, einen falschen Zeugen, der frech Lügen redet, und jemanden, der Hader zwischen Brüdern anrichtet – bemerkt man, dass nirgends vom Vielfraß und dem überfüllten Bauch die Rede ist. In Prediger 10,17 wird vor übermäßigem Genuss gewarnt: »Wohl dir, Land, dessen König ein Edler ist und dessen Fürsten zur rechten Zeit tafeln als ehrbare Männer und nicht als Zecher!« Aber der häufigere Rat, der das Buch wie ein Refrain durchzieht (Prediger 2,24), lautet: »Ist's nun nicht besser für den Menschen, dass er esse und trinke und seine Seele guter Dinge sei bei seinem Mühen? Doch dies sah ich auch, dass es von Gottes Hand kommt.«

Tatsächlich sind die meisten Feste im Alten und Neuen Testament, wie es sich gehört, feierlich und nicht umwölkt von Schuld, Bedauern oder Reue. Vor Hunger hatte man große Angst, und um Friedensabschlüsse und Siege zu feiern, Gäste willkommen zu heißen oder zu verabschieden, wurden Ehrenmahle veranstaltet. Festessen wurden angesetzt, um das Ende der sieben Tage zu markieren, an denen in Gedenken an den Auszug aus Ägypten ungesäuertes Brot gegessen werden musste – im 4. Buch Mose sind Feiertage und Brandopfer vorgeschrieben. Das Buch Ester endet mit Tagen des Festmahls und der Freude, um die Errettung der Juden von der teuflischen Verschwörung des Haman zu feiern. Jesaja beschreibt ein Freudenmahl mit reinem Wein und Fett und Mark für die Zeit nach dem Gottesgericht. Als Jesus das Wunder mit der Brotvermehrung und den Fischen vollbringt, betrachtet dies wohl niemand mit Argwohn, auch ist wohl kaum jemand bereit, diejenigen in der Menge zu verdammen, die sich vielleicht ein wenig mehr Brot oder Fisch genommen haben. An einer Stelle, die in den späteren Diskussionen der Kirchenväter zur Völlerei eine kritische Rolle gespielt haben dürfte, sagt Jesus ziemlich deutlich, dass wir durch das, was wir essen, nicht verunreinigt werden können. Wahrscheinlich waren die Worte von politischer Bedeutung und dienten dazu, das Christentum vom Judentum, mit seinen sorgfältig ausgearbeiteten Ernährungsregeln, abzugrenzen. Auf jeden Fall wurde diese Stelle der Heiligen Schrift zum Maßstab für jene, die argumentierten, dass was – und weitergedacht: wie viel – der gute Christ in seinen Magen aufnimmt, weniger wichtig ist als das, was er in der Seele und im Herzen trägt.

In der griechisch-römischen Tradition bildete das Feiern, einschließlich des Trinkens, das soziale Fundament, das den Bürgerwerten Nachdruck verlieh und den Staat zusammenhielt. Anständige Feste und unanständige Feste sind ein zentrales Motiv in der *Odyssee*, und es wird sehr deutlich, dass der Rang eines Gastgebers davon abhängt, wie großzügig sein Tisch gedeckt ist. Gleichzeitig wimmelt es in der *Odyssee* von unverblümten Warnungen vor den Gefahren des Exzesses: Erst nachdem sie den Zyklopen betrunken und geistig schwerfällig gemacht haben, sind Odysseus und seine Kameraden fähig, ihn zu blenden und aus seiner Höhle zu fliehen – um so seinem Plan zu entkommen, *sie* zu fressen.

Wie auch viele Philosophen und Theologen nach ihm, hat Aristoteles zu Mäßigung beim Essen und Trinken geraten:

> Ebenso zerstören ein Zuviel oder Zuwenig an Speise und Trank die Gesundheit, das Angemessene dagegen schafft die Gesundheit, mehrt sie und erhält sie. So verhält es sich also auch bei der Besonnenheit, Tapferkeit und den übrigen Tugenden. Wer alles flieht und fürchtet und nichts aushält, der wird feige, wer aber vor gar nichts Angst hat, sondern auf alles

losgeht, der wird tollkühn; und wer jede Lust auskostet und sich keiner enthält, wird zügellos, wer aber alle Lust meidet, wird stumpf wie ein Tölpel. So gehen also Besonnenheit und Tapferkeit durch Übermaß und Mangel zugrunde, werden aber durch das Mittelmaß bewahrt.[12]

Plutarch vergleicht den Körper mit einem Schiff, das mit Essen und Trinken nicht überladen werden darf, da es sonst sinkt und verloren ist.

Doch solche vernünftigen Warnungen hatten offensichtlich keinen großen Effekt auf Feiern und Feste in der Blütezeit des Römischen Reichs, als aufmerksame Gastgeber ihre berüchtigten Vomitorien einrichteten, um sicherzustellen, dass der Vergnügung ihrer Gäste keine Grenzen gesetzt würden. Wie wir sehen, begeistern Werke wie das *Satyrikon* von Petronius mit detaillierten Beschreibungen der schweinischen Exzesse der Festgäste und laden den Leser ein, über das grotesk üppige Gastmahl zu lachen, das der ehemalige Sklave Trimalchio seinen Bekannten serviert: über den riesigen Tafelaufsatz, auf dem Speisen angerichtet waren, die den Tierkreiszeichen entsprachen – Hoden und Nieren symbolisierten die Zwillinge, ein Hummer den Steinbock. Trimalchio lässt ein Rudel Jagdhunde durch den Speisesaal rasen, gleichsam als Vorspiel zu dem krönenden Hauptgericht: einem Wildschweinbraten, der mit einer Freiheitsmütze dekoriert ist. Auch wenn wir, wie beabsichtigt, zu dem Schluss kommen, dass sich in diesem lächerlichen Festmahl die gleiche Ungehobeltheit und Vulgarität zeigt, die auch dazu führt, dass der Ex-Sklave eine Ex-Hure als Gefährtin wählt und einen hübschen Jungen anheuert, der Trauben verteilt und dabei den Göttern des Essens und des Weins in höchstem Diskant Hymnen singt, so würde niemand von uns – und Petronius sicher auch nicht – behaupten, dass Trimalchio auf immer und ewig gefoltert werden sollte für die Sünde, seine Gäste ermuntert zu haben, zu viel und zu gut zu essen.

Die frühen Christen reagierten angesichts der Dekadenz und Exzesse der Römer mit einem durchaus berechtigten Ekel. So äußerte Tertullian seine Abscheu vor dem Massenrülpsen, durch das die Luft bei den üppigen Festen sauer wurde, und vor den Schulden, die heruntergewirtschaftete Familien jedes Mal auf sich nahmen, wenn sie zum Essen luden. Auch hier wurden Fragen der Ernährung, der Enthaltsamkeit und des Genusses benutzt, um sich religiös und politisch abzugrenzen. Viel von Tertullians langatmiger und leidenschaftlicher Verteidigungsrede des Fastens fußt auf der Bibellektüre, die im Alten Testament – angefangen bei Adams Fall – für etliche ernste Überschreitungen die Unfähigkeit der Hebräer verantwortlich macht, ihren Appetit zu zügeln und sich im Essen zu mäßigen. Anhand der Grundlagen der menschlichen Anatomie verdeutlicht er durchaus bildhaft das enge Verhältnis zwischen Völlerei und Wollust:

> Etwas Unerhörtes wäre Wollust ohne Gaumenlust; denn diese beiden sind so miteinander vereint und verwachsen, daß sie überhaupt nicht getrennt werden können; sonst müssten die Schamteile nicht am Bauche sitzen. Schaue nur auf den Körperbau, und siehe: Es ist ein Bezirk. So entspricht der Anordnung der Körperteile auch die Aufeinanderfolge der Laster. Erst der Bauch, und dann folgt sofort die mit der Mästung des Bauches unten verbundene Wollust. Durch die Gefräßigkeit kehrt die Geilheit ein.[13]

Den fundamentalen Ekel vor dem Körper, der in dieser Passage durchscheint, finden wir abgewandelt bei vielen frühen Theologen, die sich dem Thema Völlerei widmen; später taucht er dann, wie wir gesehen haben, in Werken wie der »Erzählung des Ablasshändlers« wieder auf. Johannes Chrysostomos liefert uns eine noch bildlichere Darstellung der Symptome von Völlerei: »Absonderungen, Auswurf, Schleim, der aus der Nase rinnt, Schluckauf, Erbrechen und heftiges Rülpsen. […] Mehr Luxus bedeutet einfach nur mehr Absonderungen.«[14]

Abb. 4   Jacob Jordaens (1593–1678), *Das Fest des Bohnenkönigs*

Zu früh, zu erlesen, zu viel, zu gierig, zu teuer. Es war das unglückliche Schicksal der Völlerei, dass die Festlegung der Tugenden und Laster mit der ersten Blüte der christlichen Klosterbewegung und der gleichzeitig wachsenden Vorstellung zusammenfiel, dass der Körper ignoriert, abgelehnt, gehasst oder gar, wenn nötig, kasteit gehöre. Die Genusshasser, Klosterbewohner und jene, auf die beides zutraf, verschworen sich, die Völlerei auf dieselbe Liste zu setzen wie die Wollust – beides Impulse, deren plötzliches unkontrolliertes Aufflackern die geregelten Abläufe des Lebens in einer solchen Institution natürlich gefährden konnten. Genau wie die Kirchenväter Seiten um Seiten und Stunden um Stunden über die zartsinnigen Aspekte der Wollust und die feinen Unterschiede zwischen den sündigen und lässlichen Arten, Sex zu haben, debattierten, richtete sich der wachsende Hass gegen die Körperlichkeit des

31

Menschen auch gegen das Essen – die andere wichtige Quelle sinnlichen Genusses. Interessanterweise gelang es dem Gierschlund aber nie, derart heftige Abscheu hervorzurufen – oder dasselbe Maß an Interesse, wenn man so will – wie dem Lüstling oder dem Ehebrecher. Doch die Heiligen und Kleriker erkannten, dass ähnliche Kräfte am Werk waren, und bemühten sich sicherzustellen, dass Labsal und Freude nicht der strengen Andacht und reinen Konzentration, die wahre Christen nur Gott widmen sollten, in die Quere kamen.

In einer frühen Biographie über Franz von Assisi ist zu lesen, dass der Heilige Asche wie ein Gewürz über seine Speisen streute, um jeden Hauch von Geschmack zu zerstören. Für Augustinus bedeutete das Ringen darum, die Freude am Essen zu zähmen, nicht annähernd dieselbe Herausforderung, wie der entsprechende Kampf um Keuschheit, und doch ging es um dasselbe Problem: Wie meidet man die Lockungen der Freude? Im zehnten Kapitel seiner *Bekenntnisse* zitiert er zu Beginn seiner Überlegungen zu dieser Sünde eine offensichtliche Tatsache: dass man essen muss. Er bemerkt, dass wir im täglichen Wettrennen mit dem Tod durch Essen und Trinken unserem körperlichen Verfall entgegenwirken, bis schließlich der Tod gewinnt und der vergängliche Körper von einem geistigen Gewand umhüllt wird, das rein bleibt bis in alle Ewigkeit. Augustinus spricht vom Essen als Heilmittel, das wir einnehmen müssen; doch der heikle Punkt ist, dass wir auf dem Weg zwischen Hunger und Sättigung nicht in die Falle der Begierde tappen dürfen. Das für die Gesundheit nötige Minimum ist, wie Augustinus anmerkt und wie jeder Diäterfahrene weiß, oft zu wenig, um Freude zu erzeugen. Stolz ist der Heilige darauf, dass ihn das Trinken gar nicht in Versuchung führt; so ist die Enthaltsamkeit auf diesem Gebiet ein weit weniger kostbarer Sieg als der Triumph über den Sirenengesang des Essens. Anhand von Fallberichten stellt er dar, wann Völlerei zu weiteren

Sünden geführt hat und wann nicht. Mit den Geschichten von
Noah, dem es nach der Flut erlaubt war, alle nur erdenklichen
Fleischgerichte zu essen, und von Johannes dem Täufer, der
in der Wüste durch den Verzehr von Heuschrecken überlebte,
zeigt Augustinus den großen Unterschied zu dem Fall von Esau,
der aus Gier sein Erstgeburtsrecht für ein Linsengericht ver-
kaufte. Die ungewöhnliche Lieblingsspeise von Johannes dem
Täufer war nicht annähernd so sträflich wie die der Hebräer,
die auf ihrer Wanderung durch die Wüste das schlimmste Übel
begingen, weil sie mit ihrem leiblichen Wohl so beschäftigt
waren, dass es ihre Aufmerksamkeit von Gott ablenkte. »Aber
Gaumenlust«, schreibt der Heilige Franz von Assisi auf eine lie-
benswerte Art, »wandelt Deinen Knecht so manchmal an.«[15]
Das ist in Augustinus' Verständnis eine durchaus verbreitete
Schwäche: Wer, Herr, fragt er, war nicht schon in Versuchung,
ein bisschen mehr zu essen, als er braucht? Er hält sich an die
Definition, die Christus selbst gegeben hat und die ihren Hö-
hepunkt bei Thomas von Aquin findet: Der wahre Unterschied

besteht nicht darin, was wir essen, sondern in der Art, wie wir essen. Diese Unterscheidung entwickelt er in seinem Werk *Die christliche Bildung*:

> Denn es ist möglich, dass ein weiser Mann die köstlichste Speise zu sich nimmt, ohne der Sünde des Epikureismus oder der Völlerei zu erliegen, während ein Narr sich mit ekelhaft eifrigem Appetit nach dem abscheulichsten Essen sehnt. Und jeder gesunde Mensch wird wohl vorziehen, Fisch in der Art des Herrn zu essen, anstatt Linsen nach dem Beispiel Esaus oder Gerste, wie Rinder es tun. Es gibt viele Tiere, die sich mit einfacheren Dingen nähren, aber daraus folgt nicht, dass sie maßvoller sind als wir. Denn nicht die Natur der Dinge, die wir nutzen, zählt, sondern der Grund, warum wir sie nutzen und wie wir sie suchen, ist entscheidend dafür, ob unsere Taten löblich oder zu tadeln sind.[16]

»Was mich in Furcht versetzt, ist nicht die Unreinheit des Fleischgenusses«, schreibt Augustinus in den *Bekenntnissen*, »sondern die Unreinheit der Genussgier.«[17]

Zu früh, zu erlesen, zu viel, zu gierig, zu teuer. Ist die Sünde der Völlerei wirklich nur ein Verbrechen gegen sich selbst und den eigenen Körper – oder auch ein Unrecht gegen die Gesellschaft? Um eine Antwort zu finden, sollten wir vielleicht von Augustinus' *Bekenntnissen* zu meinen persönlichen übergehen.

Oft nimmt das moderne Bekenntnis die Form eines Rechenschaftsberichts über den peinlichsten Moment an, der wieder und wieder erzählt wird, bis er schließlich die Kraft der Peinlichkeit beinahe oder ganz verliert. In meiner eigenen Geschichte geht es zufällig auch um Völlerei. Die Sünde beging ich bei einer Veranstaltung, auf der ich un- beziehungsweise halbbewusst durch mein, wenn ich so sagen darf, eher moderates Abrutschen in die Völlerei andere verletzte.

Der Anlass war eine von einem berühmten Künstler veranstaltete Dichterlesung, zu der mein Mann und ich von einer Freundin eingeladen worden waren, die ihrerseits eine ehemalige Geliebte des berühmten Künstlers war. Als wir ankamen, hatten sich bereits ungefähr fünfzig Menschen im oberen Stockwerk des zweistöckigen Lofts des Künstlers versammelt, saßen auf dem Holzboden und warteten gespannt, dass die Dichter zu lesen begännen.

Der Großteil der Vortragenden waren anscheinend aktuelle oder ehemalige Geliebte des berühmten Künstlers. Und ihre Gedichte waren zumeist tief empfundene Huldigungen seines Genies, im Atelier wie im Bett. Es war eine quälende Veranstaltung, die sich endlos hinzuziehen schien, bis schließlich jemand sagte: »Okay, ihr Lieben, lasst uns nach unten gehen, zu Bier und Austern.« Wir marschierten allesamt hinunter in den Wohnbereich des Künstlers, wo ein Riesenbottich voll Bier auf uns wartete und, wie wir glaubten, ebensolche Mengen Austern. Neben dem Bottich stand ein Tisch mit drei Tellern, auf denen jeweils zwölf geöffnete Austern lagen.

Vielleicht ist unser nun folgendes Verhalten besser zu verstehen, wenn ich erzähle, dass wir eine Woche zuvor auf einer Hochzeit waren, bei der es eine Austernbar mit einem schier unerschöpflichen Vorrat an Schalentieren gab. Wie in einem mittelalterlichen Schlemmerparadies schienen sich der Vorrat an Shrimps und Muscheln, die wir aßen, auf wundersame Weise wie von selbst wieder aufzufüllen. Vielleicht vernebelte und verzerrte die Erinnerung an dieses Fest unsere Wahrnehmung, denn wie sich herausstellte, handelte es sich hier um eine völlig andere Situation. Jedenfalls entschieden mein Mann, meine Freundin und ich, das Richtige, Höfliche, sozial Verantwortliche zu tun und ein Bier zu nehmen, uns an den Tisch zu setzen, jeder rund ein Dutzend Austern zu essen und dann den nächsten Gästen Platz zu machen, damit die ihre Portion zu sich nehmen konnten. Gesagt, getan. Bis wir jemanden laut und deutlich sagen hörten: »Die haben ja *alle* Austern aufgegessen.« Wir schauten uns um und sahen, dass in dem Bottich, in dem wir Unmengen von Bier und Austern vermutet hatten, tatsächlich nur Bier war. Hatten wir uns die Austern eingebildet? Oder hatte während der sich grausam in die Länge ziehenden Dichterlesung ein zarter Hauch von Feindseligkeit unsere Sinne vernebelt? Ich könnte es nicht mit Sicherheit sagen. Ich erinnere mich aber deutlich daran, wie schnell wir die Party verließen und ich den Eindruck hatte, dass wir wohl so eilig und schuldbeladen wirkten wie Adam und Eva auf einem Renaissancegemälde, als sie aus dem Garten Eden verbannt wurden.

Während es zunächst scheinen mag, als sei Völlerei ein persönliches Vergehen, das nur jeden selbst etwas angeht, ist diese Situation mit ihren beschränkten Essensvorräten exemplarisch für unseren Planeten und zeigt, dass die Völlerei eine ernstzunehmende Sünde gegen die Mitmenschen und die Menschheit insgesamt darstellt. Als solche scheint sie eher vergleichbar mit Wut oder Trägheit: brisant, unverantwortlich, bedrohlich oder zumindest unproduktiv.

Da das Christentum wie die meisten Religionen sowohl ein Instrument zur sozialen Kontrolle als auch eine spirituelle Disziplin wurde, überrascht es kaum, dass die Völlerei den ersten Platz in der Hierarchie der Todsünden einnahm. Das verschärfte sich noch, als Männer und Frauen in Klöstern zu leben begannen, und war besonders für jene frühen Kirchenväter relevant, die weniger an den Launen der Einzelseelen interessiert waren, als vielmehr mit den allgemeineren und konkreteren Anforderungen beschäftigt, die das Betreiben einer recht komplexen sozialen Institution stellte: eine häusliche Bruderschaft, in der eine große Gruppe theoretisch zölibatärer Männer in Frieden und Harmonie zusammenleben sollten. Es erscheint da-

Abb. 6   Sandro Botticelli (1444–1510), *Der Heilige Augustinus*,
Fresko, Chiesa di Ognissanti, Florenz

her einleuchtend, dass die Benediktinerregeln in Bezug auf die Hauptmahlzeit sehr klar und höchst detailliert ausfallen:

> Die Wochendiener sollen (an Fasttagen) vor der einzigen Mahlzeit über das festgesetzte Maß hinaus etwas zu trinken und Brot erhalten, damit sie ihren Brüdern zur Stunde der Mahlzeit ohne Murren und besondere Mühe dienen können. An Festtagen aber müssen sie bis zum Schluss warten. [...]
> Nach unserer Meinung dürften für die tägliche Hauptmahlzeit, ob zur sechsten oder neunten Stunde, für jeden Tisch mit Rücksicht auf die Schwäche einzelner zwei gekochte Speisen genügen. Wer etwa von der einen Speise nicht essen kann, dem bleibt zur Stärkung die andere. Zwei gekochte Speisen sollen also für alle Brüder genug sein. Gibt es Obst oder frisches Gemüse, reiche man es zusätzlich. Ein reichlich bemessenes Pfund Brot genüge für den Tag, ob man nur eine Mahlzeit hält oder Mittag und Abendessen einnimmt. Essen die Brüder auch am Abend, hebe der Cellerar ein Drittel dieses Pfundes auf, um es ihnen beim Abendtisch zu geben. War die Arbeit einmal härter, liegt es im Ermessen und in der Zuständigkeit des Abtes, etwas mehr zu geben, wenn es guttut. Doch muss vor allem Unmäßigkeit vermieden werden; und nie darf sich bei den Mönchen Übersättigung einschleichen. Denn nichts steht so im Gegensatz zu einem Christen wie Unmäßigkeit, sagt doch unser Herr: »Nehmt euch in acht, dass nicht Unmäßigkeit euer Herz belaste.«[18]

Um zu verstehen, wie wichtig die Strenge und Genauigkeit dieser Regeln ist, muss man sich nur das Refektorium eines Klosters vorstellen: Die Mönche warten am Tisch. Die Brüder, die in der Küche arbeiten, erscheinen mit den Schüsseln mit Haferschleim und Broten, vielleicht sogar mit Fleischplatten (es gibt beträchtliches Beweismaterial dafür, dass die Ernährung im Mittelalter weit reichhaltiger und fleischlastiger war, als gemeinhin angenommen wird). Stellen wir uns vor, dass sich jeder Mönch seine Portion genommen hat und dass das Essen gerade für jeden genügt, zumindest nach der Mengenberechnung der Klosterleitung. Und stellen wir uns weiter vor, dass durch eine Fehlkalkulation eine Portion zu viel zubereitet wurde und dass ein Mönch – vielleicht sogar jeden Abend derselbe – sich munter diese überzählige Portion nimmt, während die anderen zuschauen – und zwar wie? Angewidert, voller Hass, Neid oder Wut. Auf diese Weise *kann* Völlerei durchaus zur Mutter weiterer Sünden werden. Und wundert es einen unter diesen Umständen, dass Johannes Cassianus sie ganz oben auf die Liste der Verfehlungen gesetzt hat, die es zu überwinden gilt?

Cassianus, ein Mönch des 4. Jahrhunderts, stellte heilige Regeln für Männer und Frauen in der Nähe von Marseille zusammen und hinterließ einen Verhaltenscodex für das tägliche Leben und den Betrieb eines Klosters. Seine Aufstellung von acht grundlegenden Lastern bildete die Grundlage für die Liste der Sieben Todsünden von Gregor dem Großen. Er war auch ein Befürworter einer frühen Form der »Muscular Christianity« (einer offiziell im viktorianischen England entstandenen körperorientierten christlichen Bewegung. A. d. Ü.) Er benutzt viele Metaphern, in denen die Überwindung der Sünde als ein regelrechter Ringkampf der »Athleten Christi« erscheint. »Unser erster Kampf«, schreibt er, »muss gegen den Geist der Gastrimargie, d. h. der Gaumenlust gerichtet sein«, denn »wenn wir von dem Laster der Unmäßigkeit nicht frei sind, können wir uns nimmer an die Kämpfe gegen den inneren Menschen uns heranwagen.« Wir können keine olympischen Wettkämpfe gegen unsere Laster antreten, wir können unseren spirituellen Verfehlungen nicht wirksam zu Leibe rücken, bevor wir nicht unsere fleischlichen Begierden überwunden haben. »Denn unmöglich kann ein gesättigter Magen Kämpfe gegen den inneren Menschen bestehen, noch passt es sich für Einen, in heftigem Gefechte angegriffen zu werden, der bei einem leichteren Zusammenstoß niedergeworfen werden kann.«[19]

Auch für Cassianus steht die Wollust am Ende einer natürlichen Reihenfolge von Lastern, die durch die Völlerei in Gang gesetzt wird, und er betont, wie wichtig es ist, die Versuchungen der Sinne im Zaum zu halten: »Habe weder Mitleid, wenn sich der Körper bitterlich beklagt, er sei schwach, noch füttere ihn mit extravaganter Speise […] Denn wenn er Kraft schöpft, wird er sich gegen dich erheben und ohne Unterlass gegen dich ins Feld ziehen […] Ein Körper, dem Nahrung vorenthalten wird, ist wie ein gehorsames Pferd und wird nie seinen Reiter abwerfen.«[20]

Weit weniger tolerant als Johannes Cassianus in seiner Verurteilung solcher Impulse war ein anderer früher Theologe, der heilige Johannes Chrysostomos, der als Prediger »Goldmund« bekannt war und sich in seinen Predigten gelegentlich in abenteuerliche Höhen von Antisemitismus und Frauenhass verstieg – Völlerei war für ihn eine Versuchung, die er bis zu den zweifelnden, undankbaren, mannamampfenden Juden in der Wüste zurückverfolgte. Tatsächlich betrachtete er die Völlerei der Juden als den hauptsächlichen Hinderungsgrund, warum sie nicht massenweise zum Christentum konvertierten.

> Es gibt nichts Schlimmeres, nichts Schändlicheres denn die Völlerei; durch sie wird der Geist roh und die Seele fleischlich; sie blendet und erlaubt kein klares Sehen. Siehe, wie es zum Beispiel mit den Juden steht; sie waren auf Essen versessen, vollkommen beschäftigt mit weltlichen Dingen und ohne jeglichen geistigen Gedanken, und obwohl Christus sie durch tausend scharfe und gleichzeitig geduldige Worte weitergeführt hat, erheben sie sich nicht, sondern kriechen weiter am Boden.[21]

Die Art, wie sich Chrysostomos das Gespräch zwischen Jesus und den Juden darüber vorstellt, ob das Manna von Moses oder von Gott kam, erscheint fast wie eine Spitzfindigkeit unter Feinschmeckern über den einzig wahren Geschmack von

Abb. 7   Sodoma (1477–1549), Szenen aus dem Leben der heiligen Katharina:
Die Ohnmacht der Heiligen Katharina, Fresko, Cappella di Santa
Caterina, San Domenico, Siena

Brot. »Als sie dies hörten, antworteten sie ›Gib uns Brot zum Essen‹, denn sie dachten immer noch, dass es ein Ding sei, das ihren Appetit stillen könnte, und rannten eilig zu Ihm. Was tut Christus? Er führt sie Stück um Stück weiter und sagt ›Das Brot Gottes ist der Herr, der vom Himmel hinabgestiegen ist und der Welt das Leben schenkt.‹«[22] An anderer Stelle versucht »Goldmund«, sein Publikum zur Abstinenz zu bewegen, indem er es mit dem Grauen konfrontiert, sonst weniger wert zu sein als die Frauen – denn Jungfrauen scheinen keinerlei Schwierigkeiten mit dem Fasten zu haben.

Als der Heilige Thomas von Aquin seine *Summa Theologica* verfasste, hatte es die Völlerei auf der Liste der Sieben Todsünden schon beinahe nach ganz oben geschafft – und in einer naheliegenden Konsequenz auch nach unten, in den dritten Kreis der Hölle. So fühlte sich Thomas von Aquin angehalten, in seiner üblichen rhetorischen Manier die denkbaren Einwände derer zu beantworten, die die schwer nachvollziehbare Verbindung zwischen Essen und ewiger Verdammnis nicht sofort begriffen.

Thomas von Aquin zitiert zu Beginn die Antwort Jesu, als die Pharisäer ihn der Ketzerei beschuldigten, weil er und seine Jünger sich vor dem Essen nicht die Hände wuschen – ein wesentlicher Aspekt der jüdischen Essensregeln und Volkstradition, die Christus und seine Apostel willentlich missachteten. Vermutlich zeugte die Ablehnung dieser althergebrachten Tradition von der richtigen Intuition, dass es zur Etablierung einer eigenen kollektiven Identität und zur Definition von etwas Neuem entscheidend war, ob man althergebrachte Essensgesetze und -tabus respektierte oder brach.

In diesem Zusammenhang verkündet Jesus: Was zum Munde eingeht, das mache den Menschen nicht unrein; sondern was vom Munde ausgeht, das mache Menschen unrein – vermutlich meint er Lügen, böse Gedanken, Morde, Verführun-

Abb. 8   Paul Delaroche (1797–1856), *Sainte Veronica*

gen, falsches Zeugnis, Gotteslästerung etc. Thomas von Aquin deutet dies so, dass uns *nichts* beflecken kann, was wir in den Mund nehmen, sodass uns auch die Völlerei nicht beflecken kann, die besagt, dass man alles, was einem zwischen die Finger kommt, auch in den Mund steckt, und zwar *zu früh, zu erlesen, zu viel, zu gierig, zu teuer.* Aquin betont, dass sich Jesus bei seiner Unterscheidung durchaus auf die Ernährungsgesetze bezog, und erklärt dann, warum Völlerei eine Gefahr darstellen *sollte:* Die Gefahr besteht nicht in der Nahrung oder dem Essen, das wir zu uns nehmen, also nicht darin, was wir uns in den Mund stecken, sondern in der *maßlosen Begierde* nach Essen, in dem starken und uns gänzlich absorbierenden Verlangen, das sich zwischen uns und Gott stellt.

Vielleicht hat Thomas von Aquins offenkundig weicher Kurs etwas damit zu tun, dass man dem Heiligen nachsagt, er habe in heutiger Diktion ein Gewichtsproblem gehabt. Anscheinend war er für das 12. Jahrhundert wirklich das, was der Industrielle Diamond Jim Brady im 19. Jahrhundert war: Dieser wusste erst, dass er genug gegessen hatte, wenn sein Bauch um die Entfernung angeschwollen war, die er zu Beginn der Mahlzeit zwischen seinem Bauch und der Tischkante freigelassen hatte. »Sein Umfang«, so C. K. Chesterton, »legt es nahe, [Thomas von Aquin] humoristisch als eines jener wandelnden Weinfässlein anzusehen, die in den Lustspielen vieler Nationen üblich sind. Er scherzte selbst darüber. Möglicherweise war er persönlich und nicht irgendein verärgerter Anhänger der augustinischen oder arabischen Partei verantwortlich für jene große Übertreibung, es habe ein Halbmond aus dem Esstisch ausgesägt werden müssen, damit er daran sitzen könne.«[23]

Wie Augustinus versucht auch Thomas von Aquin, das zur Stillung echten Hungers und zum Erhalt der Gesundheit nötige Essen aus der Formel zu streichen, mit der das menschliche Wesen, das Nahrung zum Leben braucht, von dem der Völlerei ergebenen Sünder unterschieden wird, und führt hierfür wiederholt das maßlose Verlangen an: Erst dieses bringt uns vom Weg der Vernunft ab, der als Richtschnur und Garant für moralische Tugenden dient. Der noch unerfahrene Gierschlund kann aber in jedem Fall beruhigt sein, denn wenn sich jemand aus Unerfahrenheit dem übermäßigen Genuss hingibt, etwa aufgrund einer ungenauen Vorstellung darüber, wie viel Nahrung man braucht, so handelt es sich nicht um Völlerei. »Nur das gehört zur Gaumenlust, wenn jemand aus Begierde nach genussreicher Speise wissentlich beim Essen das Maß überschreitet.«[24] Daraufhin nimmt Thomas von Aquin den Gedanken wieder auf, dass Völlerei sündhaft sei, da sie den Menschen von seiner letztendlichen Bestimmung ablenken kann – von der Liebe und reinen Ergebenheit zu Gott.

Warnungen vor Exzess und Obsession wie die von Thomas von Aquin sprachen die Kirchenväter nicht nur wegen skrupelloser Mönche aus, die versucht waren, mehr zu essen als ihnen zustand, sondern auch im entgegengesetzten Fall wegen Nonnen – und es waren immer Nonnen –, die der ähnlich beunruhigenden und zerstörerischen Versuchung erlagen, sich am exzessiven Fasten zu ergötzen. Diese Frauen, die der Historiker Rudolph M. Bell als »Heilige Anorektikerinnen« bezeichnete, straften ihren Körper dadurch, dass sie hungerten und sich allen möglichen erfinderischen und oft abscheulichen Arten der Selbstkasteiung hingaben.[25] Obwohl einige von ihnen – Katharina von Siena, Klara von Assisi, Veronika – später heiliggesprochen wurden, bereiteten sie zu Lebzeiten den kirchlichen Autoritäten große Sorgen und wurden der Sünde des Stolzes bezichtigt: wegen der Befriedigung durch den Schmerz und des heroischen Unbehagens, das sie zu ertragen vermochten.

Doch alles in allem sollten die Gläubigen durch das Gespenst der Völlerei nie vom Essen abgehalten werden. Wie es sich gehörte, wurden die Frommen zwar davor gewarnt, dass sich sinnliche Begierde und Vergnügen heimtückisch als Notwendigkeit tarnen können, doch hatten die frühen christlichen Theologen eine überraschende und im Vergleich zu ihren oft extremen Ansichten gegenüber Sex und den Ködern der Wollust tolerante Einstellung gegenüber dem gelegentlichen übermäßigen Genuss. Die Sünde der Völlerei war eine Gratwanderung, aber der Grat bestand weniger in exzessivem Konsum als vielmehr in exzessivem Appetit, Begehren und Aufmerksamkeit: in der Fixierung auf Essen, im Vergnügen, das der Geschmack bereitete, im selbstauferlegten Schmerz des Hungerns und insbesondere in der Tatsache, dass all diese miteinander verwandten Fixierungen die Aufmerksamkeit von den wichtigeren und dringenderen Bedürfnissen der Seele und des Geistes ablenkten.

Zu früh, zu erlesen, zu viel, zu gierig, zu teuer. Wenn wir diese Aspekte sowie die exzessive Beschäftigung und das *maßlose Interesse* als Maßstab nehmen, um Sünde und Sünder zu identifizieren, wird deutlich, dass Völlerei das Gegenteil einer harmlosen

Sünde ist, vielleicht ist sie sogar die am weitesten verbreitete. Gerade wegen unseres maßlosen Interesses, unserem Wahn bei der Suche nach den angesagtesten Gerichten in den teuersten neuen Restaurants und wegen unseres anscheinend paradoxen obsessiven Grauens vor der Fettleibigkeit ist unsere Gesellschaft mittlerweile der Völlerei erlegen.

Der Preis der Sünde

Ein kleiner Junge steht mit seiner Mutter in einer Schlange im Super-
markt. Vor ihnen steht eine übergewichtige Frau.
»Mami«, sagt der kleine Junge. »Die Frau ist dick.«
»Psst«, sagt die Mutter. »Sie kann dich hören.«
»Aber Mami, sie ist so dick.«
»Sei still, du willst sie doch nicht beleidigen.«
Nach einer Weile fängt das Handy der Frau an zu piepen.
»Mami, Mami«, schreit der kleine Junge. »Pass auf, jetzt fährt sie
rückwärts.«

Lange Zeit hing an der Wand über unserem Esszimmertisch
ein gerahmtes Poster, das wir vor Jahren in der Toskana gekauft
hatten. Das Motiv stammt aus dem Freskenzyklus der Kathedrale von San Gimignano: *Das Jüngste Gericht* von Taddeo di
Bartolo aus dem späten 14. Jahrhundert.

Es ist die albtraumhafte Vision einer Gruppe Vielfraße, die
in der Hölle schmort. Sechs Sünder, im vorigen Leben allesamt
große Esser, sind um einen Tisch mit einem weißen Tischtuch
versammelt. Die Verdammten, vier Männer und zwei Frau-
en, sind nackt, ihre Körper von der Sünde gezeichnet, für die
sie nun bis in alle Ewigkeit im Esszimmer der Hölle schmoren.
Die Männer haben Riesenbäuche, fleischige Arme und Rücken,
einer sogar hängende Brüste. Die Frauen sind weniger fett, eher
kräftig und muskulös, doch für das Schönheitsideal des 14.
Jahrhunderts wirken sie wie beängstigende Amazonen.

Der Tisch ist reich gedeckt mit Karaffen voller Wein, Glä-
sern und runden Broten, in der Mitte steht eine Platte mit ei-

nem fetten, recht einsam wir-
kenden Hühnerbraten. Die
Verdammten starren gebannt
auf das Essen, ihre Gesichter sind Masken der Gier, des
Begehrens, des Grauens und
des Schmerzes. Denn um
die Vielfraße herum steht
in einer zweiten Reihe eine
kleine Gruppe von Dämo-
nen, die den »wilden Kerlen«
von Maurice Sendak erstaun-
lich ähneln. Doch sie würden nicht in Sendaks wildes

Abb. 9 Taddeo di Bartolo: *Das jüngste
Gericht* (um 1380), Ausschnitt

Spektakel passen, diese Teufel haben nichts Verspieltes.
Ihre Aufgabe ist es, die Gierschlunde festzuhalten, sich
mit scharfen Klauen und Krallen an ihren Armen und Köpfen
festzuklammern, sie mit Schlagstöcken und Keulen herumzu-
schubsen und sie dabei auf keinen Fall an das ersehnte Essen he-
rankommen zu lassen. Auf der einen Seite der gequälten Gruppe
hat eines der gehörnten Monster die Arme des Mannes mit den
Brüsten gepackt und hält sie ihm hinter dem Rücken zusammen.

Vor dem Tisch hockt ein Mann auf dem Boden, dem sein
trauriges Schicksal offenbar sehr klar vor Augen steht; er scheint
es am schwersten zu nehmen. Sein Körper ist verdreht und ver-
unstaltet, weder Brustkorb noch Genitalien sind dort, wo sie
anatomisch hingehören. Es wirkt fast, als sei sein Körper, das
Fleisch selbst, zum Spott der ihn einst umtreibenden Begierden
geworden. Eine Schlange windet sich um die obere Hälfte seines Torsos und um seine Arme. Unfähig, den Anblick des Essens
zu ertragen, das seine Begleiter schmachtend anstarren, senkt er

den Kopf in einer Pose der Trauer und legt sich die Hände vor das Gesicht.

Auf unserem Poster war noch eine weitere Darstellung von Sündern in der Hölle zu finden, Fra Beato Angelicos spätes Werk *Das Jüngste Gericht*. Darunter steht ein Slogan des regionalen Tourismusverbandes von San Gimignano: *Mangiare bene a San Gimignano non e peccato* – In San Gimignano gut zu essen, ist keine Sünde. Doch wenn es in San Gimignano keine Sünde ist, wo *ist* es dann eine? Die einzige logische Antwort ist: nirgends. Das Plakat suggeriert uns unterschwellig, dass wohl kaum *Mangia bene*, gutes Essen, gemeint sein kann, wenn die Kirche von Völlerei spricht. Gutes Essen ist einer der Hauptgründe zu leben und, wie jeder in Italien weiß, das Geburtsrecht eines jeden Menschen. Gut zu essen ist nicht weniger als eine moralische und soziale Pflicht.

Es sollte uns also nicht überraschen, wenn sich selbst offizielle Vertreter der katholischen Kirche, ja sogar, wie wir gesehen haben, Thomas von Aquin von dieser Verpflichtung angespornt fühlten. Über Jahrhunderte haben sich Schriftsteller wie Chaucer oder Rabelais über Geistliche lustig gemacht, die gegen Völlerei predigten, aber, sobald sie mit ihrer Predigt fertig waren, aus der Kirche rannten, weil ihr üppiges Sonntagsmahl zu erkalten drohte. Die mutmaßliche Völlerei unter Priestern bildete über Jahrhunderte eine kulturelle Konstante, teils urbane Legende, teils Tatsache, teils Klischee, teils Projektion und oft Gegenstand großer Faszination und Spekulation. Und tatsächlich trafen diese Mutmaßungen in gewisser Hinsicht zu. Geistliche genossen im Mittelalter regelmäßig eine Art ritualisierter Völlerei – bestimmte Feiertage waren mitunter tagelangen Fress- und Trinkorgien vorbehalten. Besonders bemerkenswert war das Narrenfest, eine chaotische Verkehrung der traditionellen Ordnung, die am 28. Dezember, dem *Tag der unschuldigen Kinder*, stattfand.

Doch auch abgesehen vom liturgischen und rituellen Kalender war der westeuropäische Klerus von Anfang an bekannt für großzügiges Tafeln. [...] Der römischen Kurie zufolge aßen die Geistlichen nördlich der Alpen trotz des Gebots »normaler Essensrationen« geradezu pantagruelisch. Noch im Jahre 1059 wurde auf einer Lateransynode an die offensichtlich unvergessenen Ausschweifungen einer Kirchenversammlung in Aachen anno 816 erinnert.[26]

Heutzutage erzählt man Touristen in Rom gern, dass sie, sollten sie sich um die Mittagszeit in der Nähe des Vatikans aufhalten, sehr wahrscheinlich auf eine Gruppe von Jesuiten oder Dominikanern stoßen werden. In diesem Fall möge man sich ihnen anschließen, in den Restaurants essen, in denen die Priester essen, und das bestellen, was sie bestellen. In diesen und anderen Anspielungen über die Ess- und Trinkgewohnheiten kirchlicher Mitarbeiter wird die Frömmigkeit jener Feinschmecker zwar ironisiert, doch oft geht dies mit einer heimlichen Bewunderung dafür einher, dass diese Männer zwar theoretisch den Verführungen der Welt abgeschworen haben, aber trotzdem wissen, wie man sich das Leben auf Erden angenehm gestaltet. Außerdem zeigen uns die Diener Gottes mit ihrem Verhalten natürlich, dass gut zu essen *nicht* wirklich eine Sünde ist. Nicht nur in San Gimignano.

Wie Taddeo di Bartolo und Fra Angelico sah auch Dante das anders. Nachdem Theologen die Vergehen festgelegt hatten, für die man in die weniger einladenden Regionen der Ewigkeit geschickt werden kann, ließen visionäre Künstler und Schriftsteller bei dem Thema, was die Sünder dort erwartet, ihrer Phantasie freien Lauf.

In Dantes sechstem Gesang *Die Hölle* werden die Gierschlunde in den dritten Kreis der Hölle geschickt. Sie werden damit in eine tiefere Region verbannt und sehen einem scheußlicheren Schicksal entgegen als die Wollüstigen, obwohl beide

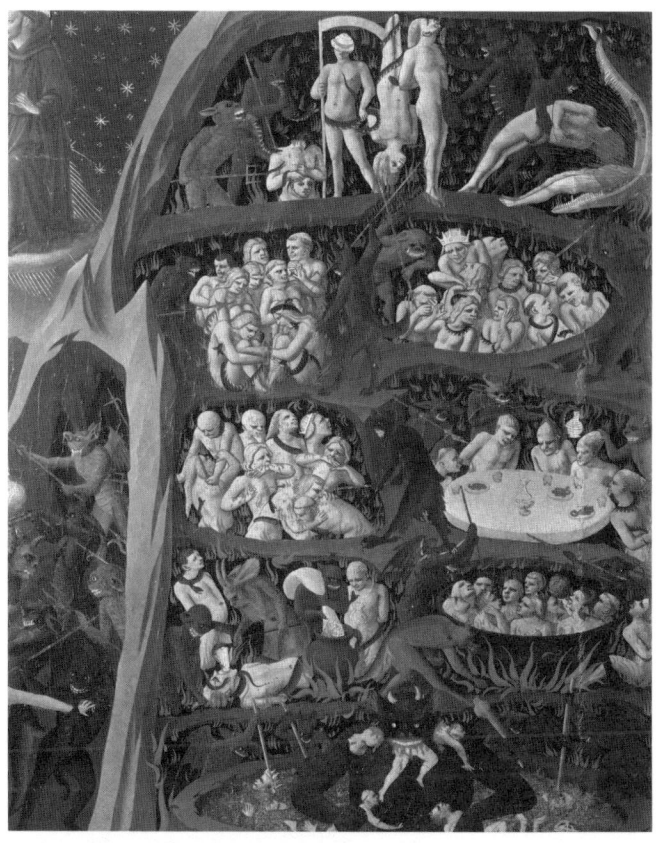

Abb. 10   Fra Angelico (1387–1455), *Das jüngste Gericht*
(Detail der in der Hölle Verdammten)

Sünden gegen die Prinzipien von Enthaltsamkeit und Mäßigung verstoßen. Doch in dem Wettbewerb, in dem die Rangfolge der Sünden festgelegt wurde, haben die Vielfraße dank der Brutalität und rein triebhaften Rohheit ihres Laster den Lüstlingen den Rang abgelaufen. Die Lüstlinge schenken sich zumindest gegenseitig eine hingebungsvolle Aufmerksamkeit. Die Vielfraße hingegen huldigen wem? Ihren gebratenen Hähnchen, ihrem Wein und ihren eigenen Bäuchen.

In Dantes Hölle bibbern die Gierschlunde im ewigen Mistwetter bei kaltem Platzregen, Hagel und Schnee, der den Boden in einen stinkenden Sumpf verwandelt hat. Bewacht von Zerberus, dem dreiköpfigen Hund, heulen sie selbst wie Hunde, drehen und winden sich auf der Suche nach Schutz und Trost oder versuchen sich und einander gegen das grausame Klima zu verteidigen, in das sie nun auf alle Ewigkeit verdammt sind. Endloses körperliches Unbehagen ist ihre Strafe dafür, dass sie im Leben den Fleischesfreuden nachgejagt sind.

Falls solch feine Unterscheidungen überhaupt möglich sind, waren die von Dante und di Bartolo ersonnenen Höllen für Gierschlunde allerdings nicht ganz so unerfreulich, wie eine andere im Mittelalter und weiter bis in die Renaissance herrschende Vorstellung: Demnach galt es als angemessen, den Vielfraßen in der ewigen Verdammnis nur die denkbar ekelhafteste Nahrung vorzusetzen. Nach dem *Book of God's Providence*, einem Handbuch aus dem 15. Jahrhundert über Tugenden und Laster, von dem man annimmt, dass Hieronymus Bosch es gelesen hat und sich davon beeinflussen ließ, ist der runde Tisch, um den die einstigen Vielfraße versammelt sind, glühend heiß, erhitzt vom Höllenfeuer, das die Sünder so durstig und hungrig macht, dass sie darum betteln, Urin trinken, Stroh essen und Exkremente verschlingen zu dürfen. Doch das ist alles nur eine Vorspeise, das Vorspiel zum wahren Höllenmahl. Als nächster Gang stehen auf der Speisekarte Frösche, Ungeziefer und Echsen. Eine ganze Armada abscheulicher Viecher gehört zu den Mahlzeiten, die die Dämonen dem plötzlich zögerlichen, zimperlichen ehemaligen Gierschlund aufdrängen und in ihn hineinzwingen.

Natürlich wussten fromme Christen einst, welche Konsequenzen der übermäßige Genuss von Essen haben kann, und waren sich deshalb durchaus bewusst, wie wichtig es ist, auf die Ernährung zu achten und den Appetit zu zügeln. Weil die grässlichen Warnungen und Prophezeiungen über die Welt der Toten ihren immer düstereren Einfluss auf die Welt der Lebenden ausübten, erschien die Völlerei immer bedenklicher und tödlicher. Die Aussicht auf ein gutes Mahl verblasste wohl zumindest ein wenig, wenn sich die Genießer ihrer möglichen Strafen bewusst wurden: einem schrecklich schmerzenden Hunger im Angesicht von unerreichbarem Rotwein und goldbraun gebratenen Hähnchen, während man mit Ratten und schleimigen Würmern vollgestopft wird oder auf dem nassen Boden nackt im Regen liegt, ohne irgendwo Unterschlupf zu finden. Und all das im Bewusstsein, dass es für immer und ewig so weitergehen wird. Was für ein Risiko gehen wir ein, wenn wir nach dem Donut mit Fettglasur greifen! Kein Wunder, dass es aufmerksamen und selbstlosen Mitmenschen immer wichtig war, ihre Zeitgenossen vor den vorübergehenden, flüchtigen Freuden der Völlerei zu warnen, zögen sie doch eine ewige Buße und Pein nach sich.

Vielleicht ist es für uns mehr oder weniger weltlich gesinnte Bürger des 21. Jahrhunderts kaum vorstellbar, dass für die Menschen im Mittelalter die Hölle keine Metapher war, sondern eine Realität, die dem Frommen klar und deutlich vor Augen stand. Und Menschen, die unter einem Mangel an Phantasie litten, wurden durch die Malereien an den Eingängen und in den Kapellen ihrer Kathedralen ständig daran erinnert. Auch am Hauptportal der Kathedrale von Orvieto zeigt ein Flachrelief die Strafen der in der Hölle Verdammten – ein Thema, das auf Bildern im Inneren der Kirche wieder aufgegriffen wird.

Es ist wissenschaftlich belegt, dass sich im Mittelalter Hungersnöte beziehungsweise Perioden relativer Entbehrung mit Phasen abwechselten, in denen die Menschen aßen, als gäbe es kein Morgen. Ein Großteil der Bevölkerung erlebte im Laufe des Jahres wohl tatsächlich kurze glückliche Zeiten der Völlerei. Vermutlich hatten die noch nüchternen, hungrigen Zecher nur zu Beginn der Festzeiten noch eine vage Vorstellung davon, worauf sie zusteuerten. Vielleicht war aber auch genau dies zumindest teilweise der Sinn der Feierei und sicherlich der damit einhergehenden Trinkerei: für kurze Zeit zu vergessen, wie hart das Leben auf Erden und wie grausam das Leben im Jenseits ist. Vielleicht waren Angst und Schuld sogar die Gewürze, die den Mahlzeiten der Vielfraße eine gewisse Hemmungslosigkeit, gar eine peinvolle Lust verliehen.

> *»Deine Mama ist so dick, dass sie im Ozeanarium getauft werden musste.«*
> *»Und deine Mama ist so dick, dass sie im Restaurant die ganze Speisekarte liest und dann sagt: ›Okay, das nehme ich.‹«*

Wollust und Völlerei sind sicherlich die visuellsten und am einfachsten darzustellenden Todsünden. Für einen Künstler ist es viel leichter, einen Vielfraß vor einer überbordenden Tafel zu malen, umgeben von Unmengen an Essen, als die eher inneren, psychischen Verfehlungen des Neidischen oder des Stolzen zu zeigen.

Folgerichtig wurde die Völlerei im späten Mittelalter eines der Themen, bei denen die Phantasie mit den Künstlern durchging; und wie immer ging sie mit Hieronymus Bosch stärker durch als mit seinen Zeitgenossen oder Nachfolgern.

Auf Boschs Gemälde *Das Jüngste Gericht* sind die Gierschlunde in Essen verwandelt worden. Die unbarmherzige Ironie der Hölle hat ihr Urteil gesprochen: Die Esser werden selbst gegessen. Im Hintergrund brodelt in einem gigantischen Kessel über einem prasselnden Feuer ein Eintopf von Sündern, die wie Vogelküken hinaufschauen in den Himmel, mit dem verzückten Blick frisch Getaufter. Im Vordergrund sehen wir zwei Dämonen, die man für ältere Großmütterchen halten könnte,

Abb. 11   Hieronymus Bosch (ca. 1450–1516), *Das Jüngste Gericht*
(Mitteltafel des Triptychons)

nur dass die eine mit dem schwarzen Kopftuch anstelle von Armen Vogelbeine und einen gigantisch aufgeblähten Bauch hat, während die andere einen Schleier trägt und auf Echsenfüßen steht. Das Wesen mit dem Schleier hält eine große Pfanne in der Hand, in der wir einen Männerkopf erkennen, eine Hand und einen Unterschenkel. Der Kopf starrt uns direkt an und sieht dabei nicht sehr glücklich aus. Neben der Pfanne liegen zwei Eier. Gibt es Omelett? Das schmeckt bestimmt köstlich zu dem Filet des nackten Mannes, der dort gefesselt liegt, seine Hände schamhaft vor den Genitalien gekreuzt. Sein Gebaren wirkt merkwürdig gelassen, bedenkt man, dass er an einen Spieß gebunden ist, ein entsetzlich überzeugend und ausgesprochen liebevoll dargestelltes Grillgerät, dessen Drehmechanismus gut zu erkennen ist. Das Großmütterchen begießt den Mann gerade aus einer kleinen Sauciere mit einer Flüssigkeit, vermutlich, damit er am Ende schön zart und schmackhaft ist.

Brueghels Vision der Völlerei ist ähnlich überbordend, doch bei Weitem nicht so sadistisch. Neben seiner Darstellung der Wollust, die einem beim genauen Hinsehen angesichts dessen, was die Leute mit ihren Händen, Genitalien und Körpern treiben, jedes Mal eine Reihe kleiner Schocks versetzt, ist die *Völlerei* die lebendigste Zeichnung in seiner Serie der Sieben Todsünden, die später als Vorlage für Stiche diente. Unter Brueghels Bild finden wir eine Warnung, die ungefähr so lautet: »Trunkenheit sollte man meiden, ebenso Schlemmen beim Essen, da der Mensch im Exzess sich und Gott vergisst«. Und tatsächlich richten die Monster der Völlerei in Brueghels dämonischer Landschaft ihren Geist beziehungsweise dessen kümmerliche Reste auf alle möglichen Dinge, aber ganz sicher nicht auf den himmlischen Vater.

An einem runden Tisch sitzen zwei nackte Frauen. Die eine leert einen Becher Wein, während die zweite lüstern ausgestreckt und schamlos auf dem Schoß eines Mannes liegt, der fast kein Gesicht hat. Im Vordergrund kippt sich Gula persönlich Wein aus einem Krug in ihren aufgerissenen Schlund. Ein Mann übergibt sich von einer Brücke herab in den Fluss, während ihm ein Dämon den Kopf hält, wie man es bei einem

Abb. 12   Hieronymus Bosch (ca. 1450–1516), *Die Sieben Todsünden*
(Tischplatte, Detail: Völlerei)

kranken Kind tut – ein beinahe zarter Anblick, wenn man
einmal von der schnabelförmigen Visage unter der Kapuze des
Dämons absieht und auch davon, dass die Fontäne von Erbro-
chenem haarscharf neben einem schwimmenden Mann im
Wasser landet. Menschen und Tiere verschwimmen zu einer
verfressenen Spezies. Ein auf den Hinterbeinen stehender, rep-
tilienartiger Hund schnappt mit seinem Maul nach einer Tasse,
die gerade von einem großen Holztablett zu fallen droht, das
ein Träger auf dem Rücken balanciert; ein Mann ist kopfüber
in ein Weinfass gefallen; beinahe jeder und alles schlingt oder
schlürft gierig etwas in sich hinein. Die ganze Szenerie vermit-
telt eine hoffnungslose, chaotische, offen oder zumindest kaum
unterdrückt gewalttätige Atmosphäre, wie man sie auch in den
Cartoons von Robert Crumb findet, inklusive einer angemesse-
nen Portion von Crumbs Unbehagen angesichts der ange-
strengten, schwachen Zügel, mit denen der Geist den Körper
zu kontrollieren sucht.

Ist das die Hölle? Wohl kaum. Dieser Ort sieht der Welt, die wir kennen, zu ähnlich, auch ist das Kräfteverhältnis zwischen Menschen und Dämonen nicht so klar wie bei Bartolo oder Bosch. Im Endeffekt legen die Vielfraße ihr Strafmaß selbst fest – sie leiden nicht an der Ewigkeit im Fegefeuer, sondern eher an dem Grauen, dass ihre tierischen Triebe gesiegt haben. Gezeigt wird nicht so sehr, wie die Vielfraße nach ihrem Tode leiden, sondern eher, wie unattraktiv sie im Hier und Jetzt wirken.

Etwas sehr Ähnliches – die ästhetische Widerwärtigkeit und gesellschaftliche Nutzlosigkeit der Völlerei – stellt Spenser dar, wenn die Sieben Todsünden auf den Seiten seiner *Elfenkönigin* ihre grimmige und phantastische Parade abhalten. Die Passage über die Völlerei ist so wunderbar extrem, so erfrischend in ihrem Grauen, der Begierde und der Fähigkeit, Ekel zu erregen, dass sie es verdient, in Gänze zitiert zu werden:

Und neben ihm ritt widerlich die Völlerei,
übles Geschöpf, auf einem dreck'gen Schwein;
Der Bauch ist üppig aufgebläht von Allerlei,
Auch in den Augen glänzt ein fetter Schein,
Sein Hals ist wie beim Kranich lang und fein,
Damit verschlingt er köstlich Schmaus um Schmaus,
wonach ein armer Mensch kann nur voll Sehnsucht sein;
Und spuckt entlang des Wegs wie eine rohe Bestie aus,
womit er sich hat vollgestopft in einem Graus.

Als Kleid passt ihm das grüne Weinlaub gut,
In andrem Tuch ihn stark die Hitze plagt,
Der Efeukranz auf seinem Kopf begrenzt die Flut
Von Schweiß, der tropft, wie's nicht behagt:
Doch sieh, wie er beim Reiten ständig etwas nagt,
Und in der Hand hält er den Krug mit Wein,
Von dem er so oft nippt, dass man sich fragt,
Wie der betrunkne Körper dieses Monsters, wohl mit Pein,
So doch im Sattel bleibt auf seinem Schwein.

Für weltliche Geschäfte nicht gemacht,
Auch außerstand zum Laufen und Bewegen;
Als Rat des Königs viel zu unbedacht
Der Geist dem Suff und Mahl erlegen,
Freund oder Feind kann er oft nicht belegen.
Durch und durch krank ist er,
Die Wassersucht im Fleisch lässt ihn nicht regen,
Durch falsches Essen wird es täglich mehr,
Das ist die *Völlerei*, der zweite hier im Heer.[27]

In den meisten modernen Beschreibungen der Völlerei wird die Geschmacklosigkeit und Unflätigkeit des Lasters weitaus stärker betont als die Konsequenzen für das Leben im Jenseits. Als James Ensor seine Version dieser Sünde malte, war das Vergehen nicht nur aus dem Reich der Toten in die Welt der Lebenden zurückgekehrt, sondern auch aus dem öffentlichen Raum in das private Leben eingezogen – genauer gesagt an den Esstisch, wo die unliebsame Erscheinung der Völlerei so häufig auftaucht. Auf Ensors Bild sitzen zwei widerliche, hässliche Männer an einem Tisch. Der eine ist fett, der andere mager, hat aber eine krumme Nase, die wie ein langer roter Krapfen aussieht. Vor ihnen steht ein großer Teller mit einem dürren Vogel drauf, der bestürzenderweise zu leben scheint und sogar fast noch alle Federn hat.

Der dünne Mann lehnt sich auf seinem Stuhl zurück, sein fetter Freund stützt sich, das Besteck in der Hand, auf den Tisch. Hinter ihnen an der Wand hängt ein Gemälde – ein Bild im Bild – mit einer Szene auf einem Bauernhof, auf dem gerade Tiere geschlachtet werden. Ein Schaf wird ausgeweidet, seine Innereien und Gedärme werden herausgerissen, während ein trostloser Hund danebensteht und ein Schwein auf dem Boden liegt, das entweder schon dasselbe Schicksal wie das Schaf erlitten hat oder gleich erleiden wird. Doch das Entsetzlichste ist nicht der Anblick der Gedärme des Schafes oder der furchtbar feisten Gesichter der Zecher, sondern vielmehr, dass die beiden

Abb. 13 James Ensor: *Völlerei* (1904). Radierung auf Japan-Papier

Fresser bei ihrem ausschweifenden Mahl gleichzeitig zu essen und sich zu übergeben scheinen. Ensor erfasst ihren Zustand erschreckend präzise: Er liefert die exakte visuelle Entsprechung des Gefühls, dass man zu viel gegessen hat und meint, sich übergeben zu müssen, und trotzdem nicht aufhören kann zu essen.

In neuerer Zeit ist die Angst vor einer Ewigkeit in der Hölle durch die Angst vor dem Tod selbst verdrängt worden. Selbstverständlich ist es nichts Neues, dass übermäßiges Essen ein Gesundheitsrisiko darstellt. Das war schon Schriftstellern in der Renaissance bekannt, die sich mit dem Thema Essen und Gesundheit befassten:

Den Einzelnen, der dem Übermaß und zügellosen Exzess erliegt, »den Bauch als Gott zu verehren«, erwartet Unheil. Zunächst wird das innere Feuer erstickt, das Essen fängt an, sich zu zersetzen und entwickelt dabei eine eigene faulige Hitze. Es

60

entstehen rußige Dämpfe, und die Eingeweide schwellen an. Die Dämpfe füllen den Kopf und trüben das Augenlicht und die Gedanken. Danach verteilen sie sich im ganzen Körper, führen zu extremer Erschöpfung, und schließlich absorbiert das Fleisch diese verdorbene Substanz. Paradoxerweise verkümmert der Körper zunehmend, da er keine für den Organismus tauglichen Nährstoffe erhalten hat. […] Mit der Zeit sammelt sich die verdorbene Substanz in Muskeln und Nieren und führt dort zur allzu vertrauten Gicht und Nierensteinen, jeglicher Geschmackssinn stirbt ab, und der Gierschlund sucht vergebens nach weiteren köstlichen Happen, überreizt dabei den Appetit und isst sich schließlich zu Tode.[28]

Jahrhundertelang ging man davon aus, dass ein einziges Fressgelage tödlich enden könnte – Prinzessin Liselotte von der Pfalz und Henry Thrale, ein enger Freund des Schriftstellers Samuel Johnson, gehören zu den bekannteren Persönlichkeiten aus dem 18. Jahrhundert, die den Tod durch Völlerei gefunden haben sollen. Mittlerweile wissen wir selbstverständlich, dass dieser spezielle Weg in den Ruin viel länger und verschlungener ist, als dass die Strecke an einem einzigen Abend zu bewältigen wäre, an dem man sich dem Schmaus hingibt. Doch obwohl wir die katastrophalen Auswirkungen eines einzelnen Gelages nicht mehr fürchten müssen, ist insgesamt die Sorge, um nicht zu sagen die Paranoia vor den gesundheitlichen Konsequenzen unseres Essens noch nie so groß gewesen wie heute. Ständig werden wir mit Warnungen bombardiert, zu viel zu essen sei ungesund und schlechte Ernährung einer der Hauptauslöser für eine beängstigende Palette gewöhnlicher, exotischer oder gar tödlicher Krankheiten. Wir leiden unter einem Wissen, das unsere Großeltern noch nicht hatten: Wir kennen die Schrecken des Cholesterins, die Risiken des roten Fleischs, die leberschädigende Wirkung des Weins, das arterienverstopfende Potenzial so leckerer Dinge wie Speck, Butter oder Eis.

Abb. 14   James Gillray (1757–1815), *Taking Physic (Einnahme von Abführmittel);*
The Gentle Emetic (Das sanfte Brechmittel); Breathing a Vein (Aderlass);
Charming Well Again (Wieder Wohlauf)

Unsere Obsession, ewig leben zu wollen, führt dazu, dass
uns der Anblick von Übergewichtigen doppelt beleidigt. Ihre

Körpermasse spricht ganz klar davon, dass sie Freuden des Moments dem Versprechen eines langen Lebens vorziehen. Wieso hat dieser fette Kerl kein Interesse am Leben? Der sogenannte Vielfraß ist ein wandelnder Angriff auf unsere Selbstdisziplin, unsere Entsagung und unseren unsicheren Glauben, dass der Tod uns schon nicht zu nahe treten wird, wenn wir nur vorsichtig genug sind und dieses oder jenes bleiben lassen.

Kennen Sie den schon? Ein Dicker fragt nach dem Weg zum Zug Nr. 6. Der Schaffner antwortet: »Sie nehmen besser den Zug Nr. 3, und den dann zweimal.«
Oder den? Was passiert, wenn eine dicke Frau einen gelben Regenmantel trägt? Die Leute winken und winken, weil sie denken, da kommt ein Taxi.

Der 1982 veröffentlichte Band *Psychological Aspects of Obesity: A Handbook*, herausgegeben von Benjamin Wolman und Stephen deBerry liefert einen informativen Überblick darüber, wie professionelle Helfer die Völlerei und ihren Preis einschätzen. Psychotherapeuten und andere Wissenschaftler führen Übergewicht weit seltener auf Schwächen wie Gier, Faulheit oder andere Verhaltensweisen zurück, die in der Öffentlichkeit gerne mit Völlerei assoziiert werden. In den Aufsätzen werden genetische Faktoren diskutiert, sozioökonomische und kulturelle Einflüsse und sogar die Überlegung, dass die Gehirne von Übergewichtigen womöglich biologische Ähnlichkeiten mit denen von Versuchstieren aufweisen, bei denen Läsionen im Hypothalamus vorliegen.

Seit Erscheinen des Buches in den frühen achtziger Jahren wurden immer mehr Studien zu den biologischen und psychischen Gründen der Fettleibigkeit durchgeführt, sodass man heutzutage selten den Wissenschaftsteil einer Zeitung aufschlagen oder die Abendnachrichten einschalten kann, ohne auf neue Forschungsergebnisse zu organischen, zellulären oder erblich bedingten Auslösern und Gründen für Übergewicht zu stoßen. Doch in dem oben genannten Band liegt der Schwerpunkt, wie der Titel verspricht, eher auf den psychischen Aspekten des Übergewichts. Die ausgewählten Artikel und Essays der Experten und Feldforscher befassen sich mit Themen wie dem Zusammenhang zwischen Übergewicht und Depression, der Entstehung von Übergewicht in der Jugend, Problemen der Übergewichtigen beim Halten ihres »Normalgewichts« sowie mit Tendenzen und Einstellungen, die eine Prädisposition für Übergewicht darstellen, wie etwa ein fehlgeleiteter Machttrieb, Schuld- und Minderwertigkeitsgefühle, eine verzerrte Körperwahrnehmung und dergleichen. In der zweiten Hälfte des Handbuchs geht es um die Wirksamkeit unterschiedlicher Therapieformen wie Psychoanalyse, Verhaltenstherapie, Gruppentherapie und Hypnose. In den Fallgeschichten wird in der Psyche von Übergewichtigen nach ursächlichen Gründen für ihre problematischen und unkontrollierbaren Gewichtszunahmen gefahndet. Ein Mann ist nach einer schrecklichen Kindheit in einer nicht weniger schrecklichen Ehe gefangen. Er isst zu viel, so die Annahme, um derart unglücklich zu werden, dass seine wenig mitfühlende Frau beginnt, mit ihm Mitleid zu empfinden, in der Folge ihre Liebe für ihn wiederentdeckt und sich dann um ihn kümmert. In einem anderen Fall isst eine Frau enorm viel, um – welch eine Überraschung – die Unzulänglichkeiten und die emotionale Kälte ihrer kühlen, abweisenden Eltern zu kompensieren.

Man muss nicht betonen, wie weit wir uns damit von dem Bild des Teufels entfernt haben, der den Sünder mit Kuchen und Pasteten verführt, ja, ihn mit den Freuden des Tisches lockt und ihn so von den tiefgründigen Belohnungen des Geistes ablenkt. Zwar wurde im Mittelalter heftig über Vorbestimmung und freien Willen diskutiert, doch anscheinend wurde nie bezweifelt, dass der Gierschlund eine Wahl hatte, wann er was in welcher Menge aß – und wie weit beziehungsweise wie entschlossen er sich damit vom Teufel fernhielt. Zudem zeigten die frühen Philosophen bemerkenswert wenig Interesse daran, *warum* ein Vielfraß zu viel aß – vielleicht ging man einfach davon aus, dass der Vielfraß *gerne* aß. Obwohl wir heute viel stärker an den freien Willen glauben, sind wir paradoxerweise eher bereit anzunehmen, dass Essen oder Nicht-Essen eine Antwort auf äußere Einflüsse ist, auf etwas, das uns angetan wurde und das zu überwinden wir uns bemühen müssen. Es ist für unsere psychotherapeutisch geprägte Menschensicht und unsere auf Schuld basierende Kultur aufschlussreich, dass wir tatsächlich davon überzeugt scheinen, dass die Menge und die Qualität von dem, was wir essen, primär fremdbestimmt sei, unsere Essgewohnheiten also weniger eine Sache des freien Willens sind als eine späte Antwort auf eine Verletzung oder ein Unrecht, das zumeist in ferner Vergangenheit geschehen ist.

Jedes Jahr erscheinen Unmengen an Büchern, die den Opfern von Essstörungen helfen sollen, das gefährliche Rätsel ihrer Ernährungsprobleme zu lösen. Eines der ersten Werke war Kim Chernins *The Obsession*, das 1981 erschien, eine Pionierarbeit für die Erforschung von Selbsthass und lähmender Schuld, von Panik und Scham, die Frauen in unserer Kultur häufig für ihren nicht ganz »perfekten« Körper empfinden. Chernin findet massenweise Erklärungen, warum es manche Frauen nicht schaffen, einen einzigen Tag herumzubekommen, ohne im Badezimmer auf die Waage zu steigen. Die Gründe für diese weit verbreitete Fixierung reichen von dem ursprünglichen Ekel vor dem weiblichen Körper bis hin zu destruktiven elterlichen und familiären Einflüssen, von dem in unserer Kultur und Gesellschaft stark betonten Schlankheitsideal bis zu den Erwartungen einzelner Männer, die es abstoßend finden, wenn ihre Frauen oder Freundinnen zunehmen. Chernins eigene Erfahrung mit zwanghaftem Essen reicht zurück bis in ihre Jugend, als sie als

17-Jährige in Berlin lebte. »Ich habe keinen Hunger mehr. Den Teller habe ich schon längst weggeschoben. Doch meine Hand greift danach, und ich weiß, dass ich nach etwas greife, was verlorengegangen ist … Plötzlich scheint mir, dass nichts jemals diesen Hunger stillen wird – es ist ein ungeheures Flehen, das ich noch nie zuvor gespürt habe.

Plötzlich merke ich, wie ich zu viel Butter auf mein Frühstücksbrötchen streiche, und ich bin davon überzeugt, dass mich alle beobachten. Ich lege das Messer hin. Ich breche ein Stück vom Brötchen ab und stecke es mir in den Mund. Habe aber das Gefühl, es herunterzuschlingen.« Sie rennt aus dem Haus, während sie noch an dem Brötchen knabbert, drängelt sich in einem Laden an einem Mann vorbei, kauft eine Wurst und rennt essend die Straße hinunter.

»Ich bin auch von Bäcker zu Bäcker gerannt, von einem Straßenstand zum nächsten und habe mir Esskastanien gekauft, die mich völlig rasend machten, weil ich die Schalen abpulen musste. Ich habe ein halbes Kilo Schokolade gekauft und im Rennen vertilgt. Ich bin immer in andere Geschäfte gegangen.« Sie besorgt sich für ihr Essen unterwegs ein Einkaufsnetz und versucht, normal zu kauen, wenn sie auf Parkbänken isst, so als würde sie ein Picknick machen und nicht etwa ihren Zwang befriedigen. Erst viel später, nach endlosen Schleifen des Hungerns und Fressens, hat Chernin eine Offenbarung:

»Ich wollte vom Essen Gesellschaft, Trost, das Gefühl von Sicherheit, Wärme und Wohlbefinden, das ich in meinem Leben nicht fand, nicht einmal bei mir zu Hause. Jetzt, da diese Gefühle an die Oberfläche drangen, konnte ich sie nicht mehr einfach durch Essen befriedigen. Ich litt Hunger, das stimmte, aber Essen war es offensichtlich nicht, wonach ich hungerte.«[29]

Zu den Schriftstellerinnen, die Chernin folgten und ähnliche Erleuchtungen hatten, gehört Geneen Roth, deren Bücher extrem populär sind und die häufig gut besuchte Workshops für Menschen mit Essstörungen abhält. In ihrem dritten Buch, *Sehnsüchtiger Hunger. Wenn Essen ein Ersatz für Liebe ist*, schildert Roth, wie sie, als sie sich verliebte, plötzlich damit konfrontiert wurde, dass Essen für sie als Intimitätsersatz diente. Erst nachdem sie ihr negatives Verhältnis zum Essen überwunden hatte, konnte sie endlich wahre Liebe spüren.

> Diäten haben keinen Sinn, weil Essen und Übergewicht die Symptome sind, nicht die Probleme. Die Fixierung auf das Gewicht führt zu einer willkommenen und kulturell verstärkten Ablenkung von Gründen, aus denen so viele Menschen essen, wenn sie keinen Hunger haben. Diese Ursachen sind komplex und können nicht durch Willensstärke, Kalorienzählen und Gymnastik beseitigt werden. Sie haben mit Vernachlässigung zu tun, mit Mangel an Vertrauen, Mangel an Liebe, sexuellem Mißbrauch, Mißhandlungen, unterdrücktem Zorn, Trauer, Diskriminierung und Schutz vor einem erneuten Verletztwerden. Die Menschen mißhandeln sich selbst mit Hilfe des Essens, weil sie nicht wissen, dass sie etwas Besseres verdienen. Sie mißhandeln sich selbst, weil sie mißhandelt worden sind. […] Da das Muster unseres Eßverhaltens durch frühe Muster des Liebens und Geliebtwerdens geprägt worden ist, ist es notwendig, daß wir mit den Problemfeldern Essen und Liebe arbeiten und sie verstehen, um mit unserer Beziehung zu beiden zufrieden sein zu können.[30]

Sehr auffällig ist an diesen Ausschnitten und den Büchern, aus denen sie stammen, wie wenig thematisiert wird, dass jemand eventuell tatsächlich Freude am Essen und auch am Zu-viel-Essen haben könnte. Ein Stück Prosa von M. F. K. Fisher über den Wurst- oder Schokoladengenuss unterscheidet sich grundlegend von Chernins Beschreibungen ihres Schokoladenkonsums.

Im Mittelalter und der Renaissance stand kulturell fest, dass die Lust an feinem Essen und exzessivem Trinken für einen Gierschlund den Untergang bedeutete. Am Ende des 20. Jahrhunderts dagegen bedeutete Essen Kompensation, Trost und die Hoffnung auf eine Erlösung vom Leiden – die ganze Liste an Interpretationen, die wir bei Geneen Roth finden.

In dem weit verbreiteten Unwohlsein angesichts unserer Ernährung und des Konsums spiegeln sich in gewisser Weise auch demographische Verschiebungen wider. Man sieht daran, wie sich Mangel und Überfluss, Armut und Wohlstand manifestieren und wie sie die Menschen armer und reicher Nationen prägen. Es ist kaum vorstellbar, dass ein Hungernder aus einem Dritte-Welt-Land ähnliche innere Kämpfe erlebt wie Amerikanerinnen à la Kim Chernin und Geneen Roth. Besucher aus Entwicklungsländern sind in der Tat oft erstaunt, dass in den USA die Reichen eher dünn sind und die Armen häufig übergewichtig. Für viele Amerikaner, speziell für Frauen, die von dem medial geprägten skelettähnlichen Schönheitsideal gepeinigt sind, ist Essen zum Feind geworden – wenn auch ein ganz anderer als der des Gierschlunds im Mittelalter. Beinahe nichts ist in diesen Büchern von der Sinnesfreude des Essens zu spüren, von der freudigen, entzückten Aufmerksamkeit, mit der ein Schriftsteller wie, sagen wir, Henry Miller ein unvergessliches Mahl beschreibt.

Wer den von unserer Kultur festgelegten erbarmungslosen Körpernormen nicht entspricht, leidet nicht nur unter dem Gefühl von Schuld und Kontrollverlust, den Problemen von diversen Essstörungen und natürlich den tatsächlichen Gesundheitsrisiken, sondern auch unter den mehr oder weniger schweren Beleidigungen, denen man als Opfer institutionalisierter Vorurteile und Diskriminierungen beinahe ständig ausgesetzt ist. »Das Stigma des Übergewichts im Alltag« von Natalie Allon ist wohl der interessanteste Essay in dem Band *Psychological Aspects of Obesity*. Darin wird untersucht, wie Dicke dazu gebracht werden, dass sie sich nicht nur als weniger wertvolle gesellschaftliche Randfiguren empfinden, sondern sogar als abartig und böse.

Wer je eine Grundschule besucht, Zeit mit kleinen Kindern verbracht oder zumindest Kinder in Gruppen beobachtet hat, konnte höchstwahrscheinlich erleben, wie gnadenlos die Kleinen ihre pummeligen Klassenkameraden behandeln. Bedenkt man, dass die Jugend ohnehin keine besonders freundliche und tolerante Lebensphase ist, darf man davon ausgehen, dass es für übergewichtige Jugendliche alles andere als eine beneidenswerte Zeit ist. Dank der Begeisterung, mit der sich Verhaltensforscher gerne ausführlich mit Dingen beschäftigen, die eigentlich auf der Hand liegen, wissen wir, dass »Kinder sehr negativ auf die Konturen von zur Fettleibigkeit neigenden Kindern reagieren« und dass »86 Prozent der in ihrer Wahl konsequenten Kinder auf Pummeligkeit auch dann ablehnend reagierten, wenn die Tests mit Photos von dünnen, normalen und pummeligen Kindern in Badekleidung ohne Kopf durchgeführt wurden.«[32]

Aufschlussreicher – und noch ärgerlicher – sind die Hindernisse und Verletzungen, denen übergewichtige Erwachsene nachgewiesenermaßen mehr oder weniger täglich begegnen. Regelmäßig wird sich in den Medien hasserfüllt und grausam über Übergewichtige lustig gemacht. Doch der dadurch entstehende Schaden ist geradezu lächerlich, wenn man sieht, was Übergewichtige bei Aufnahmeprüfungen an Hochschulen oder bei der Arbeitssuche über sich ergehen lassen müssen. Es ist nachgewiesen, dass Arbeitgeber nicht nur tendenziell annehmen, dass dicke Personen weniger verlässlich, fleißig und effizient sind, sondern auch, dass sie Übergewichtige ungern auf Positionen setzen (z. B. an der Rezeption), in denen ihr Körperumfang ein Affront für sensible Kunden oder die Öffentlichkeit im Allgemeinen darstellen könnte. Für Dicke ist es oft schwierig, Krankenversicherungen und eine adäquate medizinische Versorgung zu bekommen – viele Ärzte, so ergaben weitere Studien, begegnen übergewichtigen Patienten mit einer ungehörigen und unprofessionellen Abschätzigkeit. Nicht zuletzt stellen diverse Erledigungen im Alltag, die die meisten von uns als selbstverständlich empfinden, für Dicke eine große Herausforderung dar: Kleider kaufen, bequemes Sitzen im Theater, Flugzeug, Zug oder Bus, sogar das Passieren der für dünne U-Bahnfahrer entworfenen Drehkreuze. Die amerikanische Fluggesellschaft Southwest Airlines führte kürzlich die Regel ein, dass Passagiere ab einem bestimmten Gewicht zwei Tickets kaufen müssen. Sehr beunruhigend an der aktuellen Entwicklung ist auch, dass in einigen US-Bundesstaaten inzwischen Eltern belangt werden können, wenn sie zu lax mit der Ernährung ihrer Kinder umgehen. Die dreijährige Anamarie Martinez-Regino wurde aus dem Elternhaus genommen, weil die Eltern nicht willens oder fähig waren, sie zu überzeugen oder zu zwingen abzunehmen.

Immer häufiger wird für eine staatliche Regulierung plädiert, um uns vor der Gier von Unternehmen zu schützen, die von unserer ungesunden Faszination für süßes und fettes Essen profitieren. Angesichts der fortdauernden Prozesse gegen große Tabakfirmen diskutieren Juristen inzwischen die Erfolgsaussichten für Sammelklagen gegen Fastfood-Restaurants, Junkfood-Hersteller und Werbeagenturen, die mit Werbung für Chips und grellbunte Süßigkeiten, die als Frühstücksmüsli getarnt werden, besonders auf Kinder abzielen.

Beunruhigend ist auch, dass nicht nur Dicke überwacht, kontrolliert und vor ihren Fressimpulsen bewahrt werden sollen, sondern dass wir anscheinend alle vor ihnen geschützt werden müssen – dass deshalb bestimmte Formen der sozialen Kontrolle nötig sind, um Übergewichtigen zu helfen, der Versuchung zu widerstehen. Im *San Francisco Chronicle* schrieb Ruth Rosen, dass so etwas durch Mitgefühl für unschuldige Opfer motiviert sein könnte, für die Eltern eines Kindes zum Beispiel, dessen Übergewicht Diabetes mitausgelöst hat, oder für das Kind eines an den Folgen von Übergewicht verstorbenen Elternteils. Am Ende geht es natürlich um unsere Brieftasche: um die Kosten für die Behandlung übergewichtsbedingt Kranker, die von uns allen, der ganzen Gemeinschaft, getragen werden müssen. Eine erste Maßnahme könnte laut Rosen darin bestehen, dass Schulen und Arbeitgeber den Verkauf von Junkfood auf dem Campus und in Bürogebäuden verbieten. Aber das sei nur ein Anfang. In Zukunft werde jemand, der seinen Gästen fette Pommes und Donuts anbietet, ebenso missbilligend betrachtet werden wie ein Raucher, der sich eine Zigarette ansteckt und uns Rauch ins Gesicht bläst.

Ruth Rosen ist nicht allein mit ihrer Idee, dass zur Regulierung der sozialen Kosten der Überernährung vielleicht neue Gesetze nötig sind. In einem Beitrag auf CBS äußerte man sich besorgt über den alarmierenden Anstieg der Zahlen übergewichtiger und dicker junger Menschen – mittlerweile sind es 14 Prozent der amerikanischen Kinder[*]. Dem Beitrag zufolge erwarte man, dass Übergewicht als vermeidbare Todesursache in Kürze das Zigarettenrauchen einholen werde: Jedes Jahr sterben 350 000 Menschen an den Folgen von Fettleibigkeit. 13 Milliarden Dollar werden allein in den USA jährlich in Werbung für das kindliche Publikum gesteckt, 80 Prozent davon werben für extrem süße oder fetthaltige Produkte. Das Problem ist nicht von der Hand zu weisen, aber die geplante Lösung gibt einem wieder einmal zu denken: Viele der Interviewten zogen in Erwägung, Hersteller von Chips und Schokoladenriegeln zu verklagen.

Der Weg vom heiligen Augustinus über Johannes Cassianus und Chrysostomos bis hierher war weit: Früher war es selbstverständlich, dass der Kampf gegen die Versuchung im tiefsten Innern des Gierschlundes stattfand – und nicht, wie nun wahrscheinlich, vor Gericht.

[*] In Deutschland betraf das im Jahr 2008 18 % der Jungen und 16 % der Mädchen. Quelle: Nationale Verzehrsstudie II, Max-Rubner-Institut 2008. A.d.R.

»Du bist so dick, dass sie bei dir fürs Ohrlochstechen eine Harpune brauchten.«
»Und du bist so dick, dass du dir den Lippenstift mit der Farbrolle auftragen musst.«

In Studien zu den Gründen und Motiven für die Stigmatisierung von Übergewicht wurde festgestellt, dass die Vorurteile auf dem weitverbreiteten Gedanken basieren, dass Dicke selbst schuld sind: Sie seien für ihr Gewicht und ihr Aussehen selbst verantwortlich, sie seien schwach, nachlässig, faul, moralisch lax und außerdem fehle es ihnen an gewissen Qualitäten wie dem Willen zur Entsagung und der Kontrolle von Impulsen, die in unserer immer noch stark vom puritanischen Vermächtnis beeinflussten Gesellschaft hoch angesehen sind und belohnt werden. In dem 1978 erschienenen Buch *The Seven Deadly Sins: Society and Evil* verfolgt der Soziologe Standford M. Lyman einen soziokulturellen Ansatz für die Gründe, warum wir so hart in der Verurteilung sogenannter Vielfraße sind.

> Die augenscheinliche Freiwilligkeit der Völlerei weist darauf hin, warum sie eher »kriminell« denn krank scheint, eher als Akt moralischer Weigerung denn pathologisch. Obwohl Völlerei nicht per Strafgesetz verboten ist, gelten für sie einige gesellschaftliche Sanktionen und moralische Übereinkünfte, die den Umgang mit Verbrechern prägen. […] Völlerei ist ein exzessives Sich-gehen-Lassen. Auch die Respektlosigkeit, die sie dem Körper entgegenbringt, zeigt die Überbewertung des Ego, das durch sie sklavisch befriedigt wird.[32]

Zweifellos würden sich die meisten als zu sensibel, mitfühlend und aufgeklärt bezeichnen, um Dicken mit Vorurteilen zu begegnen. Nie würden wir derartig grausame Witze erzählen, wie sie in diesem Kapitel eingestreut sind. Aber wir könnten einmal darüber nachdenken, wie uns wohl zumute wäre, wenn wir auf einem ohnehin schon engen Sitz in der Economyclass im Flugzeug Platz genommen hätten und plötzlich unser

Sitznachbar auftaucht – ein Mann oder eine Frau, durch deren monströses Gewicht unsere Reise noch beschwerlicher zu werden verspricht als ohnehin schon. Vielleicht sind wir angesichts dieser Vorstellung plötzlich gar nicht mehr so eindeutig gegen die diskriminierende Zwei-Ticket-Regelung von Southwest Airlines. Wie wir da so sitzen und versuchen, unseren umfänglichen Sitznachbarn nicht anzustieren, ähneln wir dem mittelalterlichen Mönch, wie er seinen Klosterbruder anstarrt, der sich gerade eine zweite Portion genommen hat. In beiden Fällen geht es darum, dass wir den Teil wollen, der uns zusteht, geht es um Übermaß und Mangel – um zu wenig Essen in dem einen Fall, um zu wenig Platz im anderen.

»Der Vielfraß schändet auch den Platz, den sein Körper einnimmt. Durch seinen Appetit droht er den Raum anderer zu verschlingen, da er sich ausbreitet und mehr Raum einnimmt, als einer Person zusteht. Wenn er zu dick wird, passt er nicht mehr auf normale Stühle […] und so bedarf seine Anwesenheit spezieller Vorkehrungen.«[33] Das »Verbrechen« des Vielfraßes besteht in der Überschreitung von Grenzen, die wir argwöhnisch bewachen und aufgrund primitivster Instinkte ziehen. Es geht um Hunger und Territorium. Mit anderen Worten: ums Überleben.

So schließt sich der Kreis. Wir sind wieder bei den Themen Verbrechen und Unschuld, Sünde und Buße, Schuld und Strafe – eine Sichtweise des Übergewichts, die die Dicken oft selbst angenommen und verinnerlicht haben. »In vielen Diätgruppen, die ich untersucht habe«, schreibt Natalie Allon, »herrschte die Meinung, dass Fettleibigkeit das Ergebnis unmoralischen Genusses ist. Mitglieder solcher Gruppen verwendeten oft religiöse Begriffe, wenn sie während der Rituale einer Gruppendiät darüber nachdachten, ob sie beim Diäthalten gut oder schlecht seien – oft fielen Worte wie Sünder, Heiliger, Teufel, Engel, Schuld, Übertretung, Bekenntnis, Absolution, Diätbibel.«[34]

Die Verbindung von Völlerei und religiöser Sprache existiert jedoch nicht nur in den Köpfen derjenigen, die eine Diät machen, bei Dicken und zwanghaften Essern. In der Tat ist es ziemlich verbreitet zu sagen, man sei »schlecht gewesen«, wenn man zu viel gegessen hat. Fettes, dickmachendes Essen wird als »sündhaft lecker« beworben, und wahrscheinlich hatten die meisten schon einmal Schuldgefühle, wenn sie mehr gegessen haben, als sie sollten.

Wie die mittelalterlichen Vielfraße, die bereit waren, Buße zu tun und Gottes Hilfe zu erbitten, um der Versuchung zu widerstehen, benutzen die Mitglieder von den Overeaters Anonymous* ähnlich den Anhängern anderer 12-Schritte-Programme eine religiöse Terminologie. *Lifeline*, das Magazin der Overeaters Anonymous, ist voller Geschichten über Besserung und Heilung: Geschichten aus erster Hand, in denen Gott um sein Eingreifen oder eine spirituelle Erweckung gebeten wird, darum, die gefährlichen und destruktiven Schwächen des auf dem Weg der Besserung befindlichen Fresssüchtigen auszumerzen. Üblicherweise wird die Fähigkeit zur Nüchternheit und Enthaltung – was für OA-Mitglieder bedeutet, sich auf drei gesunde und vernünftige Mahlzeiten am Tag zu beschränken – der göttlichen Gnade und Liebe anvertraut sowie der guten Wirkung eines intimen und stützenden Verhältnisses zu Gott. Eine Frau erzählte, dass es für sie schwieriger war, zum ersten Meeting zu kommen und sich als eine auf dem Weg der Heilung befindende Essgestörte zu bezeichnen, als zu sagen, sie sei eine Ladendiebin, Serienmörderin oder Prostituierte. Erst nachdem sie zugegeben hatte, gegenüber dem Essen machtlos zu sein, und eine höhere Kraft um Hilfe bat, war sie endlich fähig, ihre unglückliche, von Fressattacken, ständigem Naschen und Knabbern geprägte Karriere als Essgestörte an den Nagel zu hängen.

* eine Selbsthilfegruppe für Übergewichtige, A.d.R.

Der Terminus »Völlerei« wird heutzutage selten für Menschen mit Essstörungen verwendet. Doch Stanford Lyman lässt die beiden Begriffe verschmelzen, um zu verdeutlichen, dass sich die Einstellung zu den Dicken in unserer Kultur nicht sehr von der gegenüber vielfressenden Sündern in früheren Gesellschaften unterscheidet:

> Gesellschaftlicher Widerstand gegen Völlerei manifestiert sich in mannigfachen Instrumenten sozialer Kontrolle und institutionalisierter Vereinbarungen. Obwohl Dicke selten als Gruppe organisiert sind, scheinen sie zuweilen eine geplagte Minderheit und Objekte kalkulierter Diskriminierung und bitteren Vorurteils darzustellen. Stigmatisiert, da ihre Abhängigkeit vom Essen in ihren Konsequenzen derart sichtbar ist, finden sich die Dicken von Menschen, die sich nicht dem übermäßigen Genuss hingeben, oftmals verlacht, zurückgewiesen und abgelehnt. Von Kindern auf der Straße werden sie gehänselt, Menschen mit durchschnittlichen Körpermaßen wollen sich mit ihnen nicht zu Rendezvous, Tanzveranstaltungen oder Abendessen treffen, und viele Betriebe, Regierungseinrichtungen und Berufsverbände stellen sie nicht ein. Der Konformitätsdruck und das Diktat der Schlankheitskultur ist in Amerika so stark, dass sich Übergewichtige zuweilen zu Wort melden und auf die Ähnlichkeit ihrer Situation und der von Rassen- und Nationalitätenminderheiten hinweisen.[35]

Tatsächlich gibt es in den USA ein Forum für Übergewichtige, in dem sie auf Meetings, Konferenzen und in einem Newsletter ihre Stimme erheben können. Gesponsert wird es von der NAAFA, dem Nationalen Verband zur Förderung der Akzeptanz Dicker.[*] Ein Beitrag im Internet enthält einen offenen Brief an die Regierung, in dem gegen die laufenden Studien der Nationalen Gesundheitsbehörde protestiert wird, in denen anhand von normalgewichtigen Kindern untersucht wird, ob Fettleibigkeit auf

---

[*] Ein Äquivalent existiert auch in Deutschland: die *Gesellschaft gegen Gewichtsdiskriminierung*. A.d.R

Besonderheiten im Stoffwechsel zurückzuführen sein könnte. Es gibt Spendenaufrufe, Rezensionen zu relevanten neuen Büchern, einen Bericht über einen Flohmarkt bei einem NAAFA-Treffen in San Francisco, den aktuellen Stand im Kampf mit den Autoherstellern um Sicherheitsgurte, die das Leben von Autofahrern mit einem Gewicht von mehr als 100 Kilo retten können, und einen Artikel über die Probleme von Übergewichtigen, wenn sie sich körperlich betätigen wollen – über die Ängste, sich öffentlich im Badeanzug zu zeigen, bis hin zu schmalen Leitern, die häufig den einzigen Zugang zum Schwimmbecken darstellen. Außerdem wird kurz über die Definition von Fettleibigkeit und die Wirksamkeit von Verhaltenstherapie als Unterstützung bei Gewichtsabnahme diskutiert. Und schließlich gibt es noch die Briefe dankbarer Leser, deren Leben sich durch die Unterstützung und den Beistand, die sie als Mitglied der NAAFA erfahren durften, erheblich verbessert hat.

Ähnlich inbrünstig – wenn auch weniger positiv und versöhnlich – klingen die im Netz verfügbaren Predigten. Eine der beherztesten und überzeugendsten stammt aus der Feder eines Predigers, der nur preisgibt, dass er George Clark heißt:

Nachdem ich Heilungen geleitet und – seit 1930 – Tausende gesalbter Tücher verschickt habe, ist mir klar geworden, dass die häufigste körperliche Ursache für Krankheit im Volk Gottes in der Lust auf übermäßigen Essgenuss liegt … Zehntausende Bekehrter sind krank und leiden an Herzbeschwerden durch Bluthochdruck und an anderen Gebrechen, die vom übermäßigen Essen herrühren … Haben Sie sich schon einmal gefragt, warum Künstler niemals einen Jünger Jesu übergewichtig oder beleibt dargestellt haben? Niemand hätte Jesu lange folgen und dabei übergewichtig bleiben können … Wenn zu viel Essen bei Ihnen zu hohem Blutdruck, Herzbeschwerden oder vielen anderen Krankheiten geführt hat, die auf Übergewicht zurückzuführen sind, so fordert Gott, dass Sie das Essen reduzieren.

76

Es ist verblüffend, dass in unserer säkularen Gesellschaft das Verhältnis zum Essen immer noch so häufig direkt in Worte wie Gott und Teufel, Sünde und Buße übersetzt wird. Aber ist das wirklich überraschend, wo wir doch ständig daran erinnert werden, dass unsere Gefühle dem Essen und unserem Körper gegenüber durchaus irrational und leidenschaftlich und dem Glauben und Aberglauben näher als der Vernunft und der Wissenschaft sein können?

Der wahre Preis der Sünde

Laut dem amerikanischen Nationalen Institut für Diabetes, Magen-Darm- und Nierenkrankheiten sind ein Drittel der Menschen in den USA, also rund 63 Millionen Amerikaner, übergewichtig. Davon sind 32 Millionen erwachsene Frauen, 26 Millionen erwachsene Männer und 4,7 Millionen Kinder und Jugendliche. Gemäß einem Beitrag auf CBS vom 20. Juni 2002 steigt der Prozentsatz amerikanischer Kinder mit Übergewicht in alarmierendem Tempo und beträgt mittlerweile 14 Prozent. Jährlich können 350 000 Todesfälle schlechter Ernährung und fehlender Bewegung zugeschrieben werden; 70 Prozent der Herzkreislaufkrankheiten beruhen auf starkem Übergewicht. 35 bis 40 Prozent der amerikanischen Frauen und 20 bis 24 Prozent der amerikanischen Männer halten permanent Diät; die dafür jährlich aufgewendete Geldmenge – zwischen 33 und 55 Milliarden Dollar – spiegelt Intensität und Aufwand der Anstrengungen wider.* Die Summen übersteigen das Budget des Bundeshaushalts für Erziehung, Sport, Arbeit und Soziales; sie entsprechen dem Bruttosozialprodukt Irlands. Laut einer Studie des Diätanbieters Optifast kostet jedes abgenommene Kilo 180 Dollar. In 27 Ländern locken die Weight Watchers International jede Woche über eine Million Menschen zu ihren Treffen – in den ersten 13 Wochen des Jahres 2002 stiegen die Einnahmen der Firma um 12 Prozent auf 212,5 Millionen Dollar. Jenny Craig,

---

* In Deutschland sind 66,0 % der Männer und 50,6 % der Frauen übergewichtig oder adipös. (Quelle: Nationale Verzehrsstudie II, Max-Rubner-Institut 2008)

ein weiterer sehr erfolgreicher Diätanbieter, gab für die zweite Hälfte des Jahres 2001 Einnahmen von 142,9 Millionen Dollar an. Für anspruchsvolle Kunden mit Vorbehalten gegenüber dem billigen Image dieser Gruppen, die den Wunsch haben, in luxuriöser und exklusiver Umgebung schnell abzunehmen, kostet ein einwöchiger Aufenthalt im *The Golden Door*, einem der ältesten und ehrwürdigsten Gesundheits-Spas in der Nähe von San Diego in Kalifornien, rund 6000 Dollar.

Nimmt man diese Zahlen und bedenkt man das Vermögen, das mit dem Kampf gegen die Völlerei gemacht wird, können wir mit großer Sicherheit annehmen, dass die kulturell verankerte Bedeutung des Dünnseins etwas Komplexeres und Tückischeres beinhaltet als ein ästhetisches Empfinden oder altruistisches Denken. So ist es auch nicht verwunderlich, dass uns die Medien weiterhin mit Informationen über die Gefahren, Gesundheitsrisiken, psychologischen Schäden und soziale Schmach bombardieren, mit denen sich der unverbesserliche Gierschlund konfrontiert sieht. Auf der anderen Seite ist es so gut wie unmöglich, die Gewinne zusammenzuzählen, die aufgrund unseres zwanghaften Interesses an Nahrung und unseres offensichtlich nicht zu stillenden Hungers gemacht werden: die jährlichen Gewinne der Fastfood-Ketten sowie der angesagten Drei-Sterne-Restaurants, die Verkäufe von Zeitschriften wie *Gourmet* und *Saveur*, Kochbüchern, Küchengeräten und so weiter.

In unserer Kultur ist die Einstellung zur Völlerei schizophren. Im einen Moment werden wir mit Bildern von Essen, mit Rezepten und Kochtipps sowie mit Reklame für Restaurants oder brandneue süße, fettige Snacks überhäuft, während wir eine Minute später daran erinnert werden, dass Essen Selbstmord ist, dass Genuss und Freude das Gleiche sind wie Isolation und Selbstzerstörung. Aber irgendwer macht Geld mit dieser Ambivalenz, mit unserer Faszination für Essen, Diät, Völlerei und Hunger. Es scheint klar, dass, abgesehen von der Gier, die Völlerei von allen Sieben Todsünden am meisten mit Geld zu tun hat, am lukrativsten ist und den größten Profit verspricht.

Mehr als jedes andere lebende Individuum verkörpert Carnie Wilson, die Tochter des Ex-Beach-Boys Brian Wilson und Mitglied der mittlerweile aufgelösten Musikgruppe Wilson Phillips, wie in unserer Kultur ein Gierschlund angesehen wird. Bei niemandem außer vielleicht Oprah Winfrey wurde der Kampf ums Gewicht von Fans und Kritikern derart hautnah verfolgt und in die Öffentlichkeit getragen. Wilsons Fall ist nicht nur hinsichtlich des Spektakels um ihr Leiden einzigartig, sondern auch wegen des Ausmaßes ihrer Mittäterschaft bei der Propaganda, die ihre Mühen begleitete. Auf mehreren ausführlichen Websites mit reichlich Informationsmaterial zu ihrem schmerzvollen, aber schließlich, wie uns suggeriert wird, triumphalen Lebensweg kann man Carnies Geschichte detailliert verfolgen. Dabei wird deutlich, wie sinnbildlich diese Geschichte für die derzeitige Sicht auf die Völlerei ist. Auf einer Website erfahren wir, dass ihre kindliche Fettsucht eine Reaktion auf die schweren psychischen Probleme des Vaters war. »Für ein kleines Mädchen, das so verzweifelt die Aufmerksamkeit des Vaters brauchte, wurde die Entfernung zu ihm zu einer Kluft voller Verwirrung und Schmerz. Um ihr tiefes Unbehagen zu lindern, stürzte sie sich aufs Essen.«

Carnie war »immer die Schwerste« in ihrer Klasse, mit neun Jahren wog sie knapp 60 Kilo. »Kühler Demütigung ausgesetzt, mit der die Gesellschaft die Dicken segnet, wurde sie gnadenlos gehänselt.« Der Erfolg ihrer Gruppe Wilson Phillips motivierte sie, fast 50 Kilo abzunehmen. Doch unter dem Druck der Karriere fing sie wieder an zu essen. »Sie wollte Zucker. Sie wollte Schokoladentorte. Sie wollte Pudding.« In dem Glauben, dass ihre Gewichtszunahme zum Scheitern von Wilson Philips beigetragen hatte, fraß Carnie weiter, bis sie 150 Kilo wog.

Nach dieser gründlichen Missachtung der Schönheits-standards unserer Kultur war Carnie vom Tod umgeben, sie wurde zu einer Ikone für Krankheit, Tragik und Behinderung, die den »krankhaft Fetten« treffen können. Cholesterinspiegel und Blutdruck stiegen, die Gelenke schmerzten, sie wurde kurz-atmig. Als sie merkte, dass sie »ein Todesurteil auf dem Rücken trug«, wandte sie sich an Dr. Jonathan Sackier, der sofort er-kannte, dass »sie unausweichlich auf dem Weg war, chronisch krank zu werden: mit Bluthochdruck, Arterienverkalkung, Di-abetes, Gelenkverschleiß, Hautproblemen und Tumoren. Sie war eine wandelnde Zeitbombe, die Uhr tickte.« Also unter-zog sich Carnie 1999 in San Diego einer laparoskopischen Ma-gen-Bypass-Operation, die von 250 000 Zuschauern live am Bildschirm verfolgt wurde. Viele Jahre ist Carnie mit Hilfe von Produkten zur Gewichtsreduzierung schlank geblieben – eine Erfolgsstory inklusive Hochzeit in einem Brautkleid, das immer wieder geändert werden musste, weil sie bis zum Tag der Trau-ung weiter und weiter abnahm. Ihr Ratschlag an all jene, die ih-rem Weg folgen wollen: »Fragen Sie sich, was Sie *wirklich* wol-len. Sie haben die Kraft, es zu ändern.« Dafür muss man nur die Hilfe von The-No-Will-Power-Weight-Loss-Trio suchen und eine Serie von Präparaten wie Thermo-Lift, Changes NOW und Power Nutrients Plus benutzen, die alle über das Internet erhält-lich sind.

Carnie Wilsons traurige oder auch triumphale Geschichte zeigt, wie unsere Kultur das Problem gemeistert hat, des Ap-petits Herr zu werden und dennoch dem Körper zu geben, was er braucht. Diese einst private Herausforderung ist mittlerwei-le Anlass für öffentliche Zurschaustellungen, für Selbstanklagen und Reue – und eine Möglichkeit, ungeheure Mengen Geld zu verdienen.

Große Momente der Völlerei

M. F. K. Fisher erkundet in ihrem großartigen, wunderschön geschriebenen Buch *An Alphabet for Gourmets* in dem Kapitel »V wie Völlerei« die Freuden des übermäßigen Essens:

> Interessant, dass niemand sich gerne als Gierschlund bezeichnet, obwohl jeder von uns den Ansatz zur Völlerei in sich trägt, und sei es nur potenziell. Ich kann mir nicht vorstellen, dass auch nur ein einziges harmonisches Menschenwesen zumindest vor sich selbst abstreiten würde, sich schon ein- oder zweimal bis zum Platzen vollgestopft zu haben, ob nun mit Wachteltörtchen oder Pfannkuchen, und zwar einfach nur zur triebhaften Befriedigung seines Bauchs. Mir tut tatsächlich jeder leid, der sich diese Sinneserfahrung noch nicht zugestanden hat, und sei es nur, um festzustellen, wo die eigenen Grenzen liegen und wo, zumindest für einen selbst, die Feinschmeckerei endet und die Völlerei beginnt.[36]

Fisher fährt fort mit einer für sie typischen, eigenwilligen Verteidigungsrede für Diamond Jim Brady, einem Eisenbahnmagnaten des Gilded Age, des Vergoldeten Zeitalters, und großen Helden der Völlerei, der – so lautet die Legende – zu Beginn eines Mahls 15 Zentimeter vom Tisch entfernt saß und erst aufhörte zu essen, wenn sein Magen unangenehm an der Tischkante rieb. Bis das geschah, konnte er bei einem einzigen Dinner Dutzende Austern, Krabben, eine Schildkrötensuppe, zwei Enten, ein paar Hummer, ein Steak, ein Kaninchen und – für die Gesundheit – verschiedene Sorten Gemüse vertilgen. Zum Dessert verzehrte er dann noch eine Auswahl an Gebäck und eine Schachtel Pralinen. Brady, so behauptet Fisher, war kein Vielfraß, sondern eher gigantisch, gargantuesk und »insofern monströs, weil sein Magen etwa sechsmal größer war als normal.« Er gehörte, so Fisher, zu einer mittlerweile fast ausgestorbenen Art großer Männer und großer Esser, deren Appetit ein Spiegel ihrer sozialen und wirtschaftlichen Ambitionen war. Fisher selbst erinnert sich voller nostalgischer Hingabe an ihre Schulzeit, in der sie Schokoladenriegel hortete, dann sieben oder acht auf einmal aß, obendrein eine Schachtel Salzcracker und dabei in einen Zustand reiner »orgiastischer Freude verfiel.« In letzter Zeit, erklärt sie, habe ihre Fähigkeit, sich den Freuden der Völlerei hinzugeben, abgenommen. Vielleicht esse sie gelegentlich noch zu viel, doch sei ihr der fieberhafte Appetit der Jugend abhanden gekommen – eine bedauerliche Entwicklung, die sie als symptomatisch für ihre »schwindenden Kräfte« empfinde. Geblieben sei allein ihre Passion, mit einer großartigen Flasche Wein einen Moment der Völlerei zu erleben.

> So oft wie möglich trinke ich, wenn eine wirklich schöne Flasche Wein vor mir steht, davon, so viel ich kann, auch wenn ich weiß, dass ich schon mehr hatte, als mein Körper will. Das ist Völlerei. Aber ich denke so bei mir: Wann werde ich wieder diesen Geschmack auf der Zunge erleben? Wo sonst auf der Welt gibt es einen Wein wie diesen, mit diesem Bouquet, bei dieser Temperatur, in diesem Kristallglas? Und wann werde ich dem wieder so lebendig begegnen, wie just in dem Moment, da ich hier sitze, in den grünen Hügeln über dem Meer oder hier, in diesem schummerigen Restaurant, umgeben von Gemurmel und reichen Düften?[37]

Die stets frische, subversive Autorin verändert unseren Blick auf die Todsünde – das vermeintliche Ticket für Krankheit und Tod verwandelt sie in eine Bekräftigung der Leidenschaft und Freude.

Obwohl es niemand sonst so klar und ausdrucksvoll formuliert hat, ist M. F. K. Fisher mit ihrer Sicht auf die Völlerei weiß Gott nicht allein. Es ist eine Betrachtungsweise, die über Toleranz und Akzeptanz hinausgeht und an Zuneigung und Bewunderung grenzt. Dies bringt uns zu dem letztendlichen Widerspruch in unserer Einstellung zur Völlerei, zu einem Aspekt, den sie allein mit der Wollust teilt. Denn anders als Stolz, Neid und Zorn – Sünden, die wir aus vollem Herzen verurteilen können, Sünden,

Abb. 19   Diego Rivera (1866–1957), *La cena capitalista*

denen schwer etwas abzugewinnen ist – hat der echte Gierschlund oder zumindest so *mancher* echte Gierschlund etwas, das uns Respekt abverlangt: Lebenskraft und Appetit, zwei Qualitäten, die sich inmitten dieser ungeheuren Feierei Bahn brechen. Das ähnelt unseren geheimen Gefühlen gegenüber all den Don Juans und Casanovas: Obwohl wir erkennen, wie zwanghaft ihr Verhalten ist und wie zerstörerisch gegenüber ihren hilflosen Geliebten, können wir nichts dagegen tun, dass wir so viel sexueller Energie ein wenig neidvoll begegnen.

Die vielen und köstlichen Dinge genießerisch aufzuzählen, die bei der Völlerei verspeist werden, bietet sich bei diesem Thema an. Als ich vor vielen Jahren einmal auf einen Zug wartete, saßen neben mir zwei große, attraktive Frauen, die in ein lebhaftes Gespräch darüber verwickelt waren, wie schwierig es ist, eine Diät durchzuhalten. Doch dies war, wie ich bald merkte, nur die Einleitung zu einer sehnsüchtigen und liebevollen Beschreibung der Freuden all der Köstlichkeiten, auf die sie verzichten mussten, weil sie dick machten.

»Es funktioniert immer wunderbar«, sagte die eine Frau, »bis meine Nichte mit einem leckeren, kross gebratenen Hühnchen vorbeikommt. Ich kann dieser salzigen, knusprigen Haut einfach nicht widerstehen …«

»Das fällt mir gar nicht schwer«, sagte ihre Freundin. »Aber wenn ich an den Devil's Food Cake meiner Nachbarin denke. Ein Pfund Butter ist schon allein im Guss.« Und so ging es immer weiter.

Das Gespräch dieser Frauen hat in der Literatur viele Vorläufer. Wie wir sehen konnten, ist Petronius' *Satyrikon* auf den ersten Blick eine Satire über Vulgarität, Exzess und Verderbnis. Doch schaut man genauer, ist es wie viele Satiren ein Fest: Gefeiert werden der Exzess, das Essen und der Wein, die romantische Intrige und der Sex. Das meiste davon findet sich wieder bei Trimalchios Fest, was auch F. Scott Fitzgeralds Arbeitstitel für den *Großen Gatsby* war. Vermutlich besteht die Verbindung zwischen den beiden Büchern darin, dass als Zeichen der Überwindung sozialer Klassengrenzen eine teure Party veranstaltet wird. Doch die Unterschiede zwischen den beiden Büchern sind deutlich, speziell in Bezug darauf, was man sich unter Vergnügen vorstellt: Bei Fitzgerald sind es große Häuser, das Trinken, der soziale Status und schmerzhafte Liebesaffären, bei Petronius ausschweifende Gelage, inklusive Prasserei, Sauferei und einer theatralischen homosexuellen Romantik – da freut man sich, dass Fitzgerald schließlich einen anderen Titel gewählt hat. Woran auch immer man sich nach der Lektüre des *Großen Gatsby* erinnern mag, ich wage mit größter Sicherheit zu behaupten, dass es wenig mit Essen zu tun hat.

Dagegen erinnert man sich *gerade* an das Essen in der Festszene in *Satyrikon*. Trimalchios Fest läuft über Stunden, inklusive Tanz, Musik, Dichtung, philosophischer, literarischer und

Abb. 20   Mihály Zichy (1827–1906), *Vor der Orgie*

metaphysischer Diskussionen, einer ausführlichen Lesung aus
den Unterlagen über Trimalchios Anwesen, einer Zurschaustel-
lung seines Hausrats und seiner Götter – Götter namens Dicker Profit, Viel Glück und Großes Einkommen. An einem
Punkt ermuntert Trimalchio seine Gäste, ihre Därme zu mas-
sieren, vermutlich, damit sie es sich bequem machen und noch
mehr verdauen können.

Letzten Endes erinnert sich der Leser an das Menü. Und bei
der Art, wie man dem Essen begegnet, gehen alle roten Lam-
pen an: *zu früh, zu erlesen, zu viel, zu gierig, zu teuer* – und das
waren für Gregor den Großen die Zeichen der bösen Präsenz
von Völlerei. Schon vor dem oben erwähnten »astrologischen«
Gang – einem Aufgebot von Delikatessen, die alle Tierkreiszeichen darstellen (darunter eine afrikanische Feige für den
Löwen und zwei Meerbarben für die Fische) – werden die

Gäste mit Hors d'oeuvres verwöhnt. Auf einem Tablett sitzt eine Holzhenne auf einem mit Pfaueneiern gefüllten Nest. Um die Eier zu knacken, die überraschenderweise aus fettem Teig sind, bekommt jeder Gast einen Löffel. Der Erzähler will sein Ei gerade fortwerfen, als er von einem anderen Gast ermahnt wird, genauer hinzuschauen. Da findet er im Ei »eine überaus dicke, in gepfeffertes Eidotter gehüllte Feigendrossel.«[38]

So geht es weiter, Gang um Gang, jeder erfinderischer und irrsinniger als der vorige. Auf einem weiteren Tafelaufsatz erblickt man »Masthühner und Saueuter, dazu in der Mitte einen mit Federn geschmückten Hasen, der folglich wie Pegasus aussah, […] an den Ecken des Tafelaufsatzes vier Marsyasfiguren, aus deren Schläuchen eine Pfeffersauce über die Fische rann, die nun wie in einem ringsum laufenden Kanal schwammen.«[39] Während Künstler wie Bosch und Bartolo die Orte der Hölle zeigten, in denen die Vielfraße schmorten, verwandelten Schriftsteller im Mittelalter und in der Renaissance bekannte Legenden in gereimte oder prosaische Beschreibungen des Schlaraffenlands um, das Paradies für jeden Vielfraß, wo Wände aus Würstchen, Türen und Fenster aus Lachs bestehen und Pfannkuchen als Tischplatten dienen und gegrillte Aale als Dachsparren. Die Tiere wollen nichts weiter vom Leben, als in Form köstlicher Speisen verzehrt zu werden. Die Gänse braten sich gehorsam selbst, Vieh und Fisch bereitet sein eigenes Fleisch als Mittagsmahl zu, Flüsse mit Wein und Bier fließen frei dahin.

Diese paradiesischen Landschaften erinnern an das Land Bengodi, das Boccaccio in einer seiner Erzählungen im *Decamerone* erwähnt. Dort werden Weinstöcke an Würste angebunden, man bekommt eine Gans mit ihren Jungen für einen Taler, ein Fluss aus Weißwein fließt neben einem Berg aus Parmesan, auf dem Menschen leben, die den ganzen Tag nur Makkaroni und Ravioli zubereiten und frei nach dem Motto leben: Je schneller du isst, umso mehr kriegst du.

Eine der berühmtesten Verherrlichungen der Völlerei finden wir bei Rabelais, dessen possenhafte Beschreibungen des täglichen Speiseplans von Gargantua und seiner Familie den Fantasien, die über das Schlaraffenland verbreitet wurden, nicht unähnlich sind. So erfahren wir über Gargantuas Vater:

> Grandgousier war seinerzeit ein lustiger Gesell, der so gern wie jeder andere damals bis auf den Grund trank und dazu Gesalzenes aß. Zu diesem Zweck hielt er sich stets einen tüchtigen Vorrat Mainzer und Bayonner Schinken, geräucherte Ochsenzungen, Würste verschiedener Art, wie gerade die Jahreszeit war, dito gesalzenes Rindfleisch mit Mostrich: auch an Kaviar fehlt's ihm nicht, noch an Bratwürstchen, die er aber nicht von Bologna kommen ließ, denn er fürchtete die lombardischen Giftbrocken, sondern die von Bigorre, Longaulnay, La Brenne und Rouergue.[40]

Gargantua wird geboren, nachdem seine Mutter Gargamelle (erst im elften Monat!, A.d.Ü.) vom Verzehr vieler Kutteln Wehen bekommt, und als er später die Familientradition fortführt,

> setzte er sich zu Tisch. Und [...] fing seine Mahlzeit mit einigen Dutzend Schinken, geräucherten Ochsenzungen, Blut- und Schlackwürsten und dergleichen Zeremonienmeistern des Weins an. Währenddem schütteten ihm vier von seinen Leuten ohne Unterbrechung den Senf schaufelweise ins Maul, worauf er einen erschrecklichen Schluck Weißwein zu sich nahm, um die Nieren zu erfrischen. Dann aß er, was die Jahreszeit gerade mit sich brachte, allerlei Fleisch, das ihm schmeckte, und hörte nicht eher auf, als bis sich ihm der Bauch spannte. Das Trinken aber war endlos und an keine Regel gebunden. Denn, sagte er, die Grenze des Trinkens habe der Mensch erst dann erreicht, wenn die Korksohlen seiner Pantoffeln einen halben Schuh hoch von der eingenommenen Feuchtigkeit aufgequollen wären.[41]

Obwohl die Auswirkungen von Armut zu den häufigsten literarischen Themen gehören oder zumindest gehörten und obwohl viele Schriftsteller mit der Erfahrung vertraut sind oder zumindest waren, kein Geld und kein Essen mehr zu haben, gibt es in der Literatur überraschend wenige Beschreibungen der Auswirkungen von Unterernährung und Hunger. Die Ausnahmen von der Regel sind Knut Hamsuns Roman *Hunger* und Kafkas Erzählung *Der Hungerkünstler*, doch Essen erregt anscheinend sehr viel leichter die Aufmerksamkeit des Schriftstellers als Entbehrung, und so wimmelt es in der Literatur von Werken, die die schlimmsten Befürchtungen der Kirchenväter bestätigen, dass übermäßiger Genuss das Rückgrat abnutzen und schwächen kann.

Die eindrücklichste Dinner-Szene in Fieldings *Tom Jones* stammt aus der Filmversion von Tony Richardson. Im Buch nehmen Tom und Mrs. Waters zwar ein Mahl zu sich, das als Vorspiel der Verführung dient. Aber dies ist nicht, wie im Film, der Zeitpunkt der Verführung. Vielmehr will Fielding zeigen, dass Essen durchaus die Wirkung eines Anti-Aphrodisiakums haben kann – nicht nur weil es schwierig ist, gleichzeitig miteinander zu schlafen und zu essen, sondern auch, weil die Freuden des Essens den Menschen vom Zauber der Romantik ablenken können. Die »schmeichelnde Luft« von Mrs. Waters Seufzer ist »von dem groben Gurgeln des Bieres, das er [Tom] gerade aus einer Flasche goß, von seinen Ohren abgelenkt worden ... denn ebenso wie die Liebe uns häufig vor den Angriffen des Hungers bewahrt, so kann der Hunger uns möglicherweise in manchen Fällen auch gegen die Liebe verteidigen.« So kommt es erst nach Beendigung des Dinners, »als das Tuch weggenommen«, dazu, dass Mrs. Waters weitermacht mit ihren amourösen und letztendlich erfolgreichen Angriffen auf Toms wankenden Vorsatz, seiner wahren Liebe Sophia treu zu bleiben.

Mit seiner typischen Schläue und Anmut führt Fielding uns in einem Schnellkurs durch die Geschichte der Völlerei und verteidigt das beherzte Essen mithilfe der Erklärung, warum Tom, zumindest zeitweise, nicht auf die Avancen von Mrs. Waters reagiert:

Helden haben ungeachtet der hehren Vorstellung, die sie mit Hilfe von Schmeichlern von sich hegen oder welche die Welt sich von ihnen macht, gewiß mehr Sterbliches denn Göttliches an sich. Wie erhaben ihr Geist auch sein mag, ist doch wenigstens ihr Körper (der bei den meisten den bei weitem bedeutenderen Teil bildet) anfällig für die schlimmsten Gebrechen und den übelsten Verrichtungen der menschlichen Natur ausgesetzt. Unter den letzteren muß der Akt des Essens, der von etlichen weisen Männern als zutiefst erbärmlich und für die philosophische Würde nachteilig erachtet worden ist, bis zu einem gewissen Grade auch von dem größten Fürsten, Helden, Philosophen auf Erden ausgeführt werden, ja, manchmal treibt die Natur solche Possen, daß sie von diesen würdigen Personen einen weit exorbitanteren Anteil an dieser Verrichtung fordert, als sie jenen der untersten Schichten aufnötigt.

Da, um die Wahrheit zu sagen, kein Bewohner dieses Erdballs als mehr denn ein Mensch bekannt ist, braucht sich auch keiner zu schämen, wenn er sich dem fügt, was die Zwänge des Menschseins verlangen, doch wenn sich die eben erwähnten Persönlichkeiten herbeilassen, danach zu trachten, solch niedere Verrichtungen auf sich selbst zu beschränken – wie wenn sie, durch Anhäufen oder Zerstören, anscheinend alle andern am Essen hindern wollen –, dann werden sie gewiß sehr niedrig und verachtenswert.

Nach dieser kurzen Vorrede halten wir es nicht für eine Herabsetzung unsres Helden, wenn wir die unmäßige Inbrunst erwähnen, mit der er da nun dreinhaute. Ja, man mag bezweifeln, ob Odysseus, der im übrigen den besten Magen aller Helden jenes Essgedichts, der Odyssee, gehabt zu haben scheint, je kräftiger gespeist hat. Wenigstens drei Pfund jenes Fleischs, das einmal Bestandteil eines Ochsen gewesen war, ward nun die Ehre zuteil, Teil des Individuums um Mr. Jones zu werden. Diese Besonderheit zu erwähnen sahen wir uns verpflichtet, da sie die vorübergehende Vernachlässigung seiner schönen Begleiterin durch unsren Helden erklären mag, die nur sehr wenig aß und vielmehr mit Überlegungen von ganz andrer Natur beschäftigt war, die von Jones unbemerkt blieben, bis jener Appetit, den ihm eine Fastenzeit von vierundzwanzig Stunden bereitet hatte, gänzlich befriedigt war. Doch kaum war dieses Abendmahl beendet, als seine Aufmerksamkeit für andre Dinge wieder erwachte, und mit diesen Dingen wollen wir den Leser auch sogleich vertraut machen.[42]

Verschroben, klug und begeistert von der Freiheit Gebrauch machend, die moralischen Konventionen zu überprüfen und neu zu definieren, finden wir in Fieldings Verteidigungsrede für die Völlerei viel von dem, was vor und nach Fielding zu diesem Thema gesagt wurde, von Augustinus und Thomas von Aquin über Chaucer bis zu M. F. K. Fisher. Gleichzeitig scheinen Fieldings Ausführungen für ihre Entstehungszeit genauso charakteristisch zu sein wie für unsere Zeit die Internetprosa zu Carnie Wilsons Qualen. Über die Jahrhunderte haben sich unsere Vorstellungen zur Völlerei gewandelt, genau wie unsere Ideen von Körpern und Essen, von Gesellschaft und Individuum, von Erlösung und Verdammnis, Gesundheit und Krankheit, Leben und Tod. Ob man diese problematische und ewig in Versuchung führende Todsünde preist oder verdammt, eines ist klar: Das breite, glänzende Gesicht des Gierschlundes war – und ist – der Spiegel, in dem wir uns sehen, unsere Hoffnungen und Ängste, unsere finstersten Träume und unsere tiefsten Wünsche.

Anmerkungen

1 Thomas von Aquin, *Summa theologica*, Bd. 21, Heidelberg: F. H. Kerle/
Graz-Wien-Köln: Styria 1964, 364f, übers. von Dominikanern und
Benediktinern Deutschlands und Österreichs

2 Evagrius, *De vitiis quae opposita sunt virtutibus*, zit. nach: Teresa M.
Shaw, *The Burden of the Flesh: Fasting and Sexuality in Early Christianity*,
Minneapolis: Fortress Press 1998, 129, hier übersetzt von Friederike Melten-
dorf

3 Basilius von Ancyra, *De vera virginitatis integritate*, zit. nach: Shaw, 85f, hier
übersetzt von Friederike Meltendorf

4 Thomas von Aquin, 370

5 Geoffrey Chaucer, *Canterbury Tales*, zit. nach: Geoffrey Chaucer, *Canterbury-
Erzählungen*, Zürich: Manesse 1971, 249, übersetzt von Detlef Droese

6 ebd. 250

7 ebd.

8 ebd. 251

9 ebd. 252

10 aus: William Langland, *The Vision of Piers Plowman*, Boston: Tuttle
Publishing 1995, hier übers. von Friederike Meltendorf

11 Herman Pleij, *Der Traum vom Schlaraffenland*, Frankfurt: Fischer 2000, 47,
übers. von Rainer Kersten

12 Aristoteles, *Die Nikomachische Ethik*, München: dtv 1972, 83f, übers. von
Olof Gigon

13 Tertullian, *Die montanistischen Streitschriften, Über das Fasten*, zit. nach:
www.tertullian.org/articles/kempten_bkv/bkv24_19_de_ieiunio.htm#C1,
übers. von K. A. Heinrich Kellner

14 Johannes Chrysostomos, *Homilia XIII in epistolam I ad Timotheum* 3–4, zit.
nach: Shaw, 133

15 Augustinus, *Bekenntnisse*, Frankfurt/Leipzig: Insel 2004, 301, übers. von
Joseph Bernhart

16 zit. nach: Saint Augustine, *On Christian Doctrine*, New York: Liberal Arts
Press, 1958, hier übersetzt von Friederike Meltendorf

17 Augustinus, *Bekenntnisse*, 302

18 *Die Regel des Benedikt*, zit. nach: www.benediktiner.de, Auszüge Kap 35 & 39

19 Cassianus, *Von den Einrichtungen der Klöster (De institutis coenobiorum et de octo principalium vitiorum remediis)*, zit. nach: Bibliothek der Kirchenväter: www.unifr.ch/bkv/awerk.htm

20 ebd.

21 Johannes Chrysostomos, *Homilie 45 über das Evangelium des Heiligen Johannes*, zit. nach: Saint Chrysostom and Phillip Schaff, *Saint Chrysostom: Homilies on the Gospel of St. John and the Epistle to the Hebrews (Nicene and Post Nicene Fathers Series 1)*, Grand Rapids: William B. Eerdmans Publishing Co. 1984, hier übersetzt von Friederike Meltendorf

22 ebd.

23 G. K. Chesterton, *Thomas von Aquin*, Heidelberg: F. H. Kerle 1957, 135f, übers. von Elisabeth Kaufmann

24 Aquin, 358

25 Rudolph M. Bell, *Holy Anorexia*, Chicago: University of Chicago Press 1985

26 Pleij, 185

27 »Die Elfenkönigin« aus Edmund Spenser, *The Faerie Queene* (Book 1, Canto IV, XXI–XXIII), New York: E.P. Dutton & Company 1964, 58, hier übersetzt von Friederike Meltendorf

28 Ken Albla, *Eating Right into the Renaissance*, Berkeley: University of California Press 2002, 105, hier übersetzt von Friederike Meltendorf

29 Kim Chernin, *The Obsession*, New York: Harper Perennial 1981, 4, hier übersetzt von Friederike Meltendorf

30 Geneen Roth, *Sehnsüchtiger Hunger. Wenn Essen ein Ersatz für Liebe ist*, München 1992, 14f, übers. von Anke Grube

31 Benjamin Wolman (Hrsg.), *Psychological Aspects of Obesity: A Handbook*, New York: Van Norstrand Reinhold 1982, 146, hier übersetzt von Friederike Meltendorf

32 Stanford M. Lyman, *The Seven Deadly Sins: Society and Evil*, New York: St. Martin's Press 1978, 220, hier übersetzt von Friederike Meltendorf

33 ebd. 223

34 Wolman, 148

35 Lyman, 218

36 M. F. K. Fisher, *An Alphabet for Gourmets*, New York: Vintage 1949, 613, hier übersetzt von Friederike Meltendorf

37 ebd. 615

38 Petronius, *Satyricon*, Zürich: Manesse 2004, 49, übers. von Kurt Steinmann

39 ebd. 53

40 Francois Rabelais, *Gargantua und Pantagruel*, Frankfurt: Insel 1979, 44, übers. von Horst und Edith Heintze

41 ebd. 91

42 Henry Fielding, *Tom Jones*, Zürich: Manesse 2004, Bd.1, 763 ff, übers. von Eike Schönfeld

Geistige Nahrung!

Simon Blackburn *Wollust*
Die schönste Todsünde
Reine Liebe gilt als himmelsmächtig. Pure Wollust nur als niederträchtig. Der englische Philosoph Simon Blackburn erforscht in seinem Essay – ebenso geist- wie lustvoll – die Facetten dieses aufregenden Lasters. Dabei gelingt es ihm überzeugend und amüsant, die Wollust von ihrem schlechten Ruf zu befreien und als »Lebenslust« umgedeutet zum eigentlichen Antrieb allen Lebens zu erklären.
Aus dem Englischen von Matthias Wolf. WAT 601. 144 Seiten mit vielen Abb.

Fernando Savater *Die Zehn Gebote im 21. Jahrhundert*
Tradition und Aktualität von Moses' Erbe
Der spanische Philosoph Fernando Savater prüft – kenntnisreich und kurzweilig geschrieben – jedes einzelne der Zehn Gebote auf seine Bedeutung für die westliche Gesellschaft.
Haben die Zehn Gebote in der heutigen Zeit noch einen moralischen Wert? Savater denkt nach über die Bedeutung der christlichen Feiertage für Arbeitslose, das Töten und den Irakkrieg, den einzigen Gott oder das Verbot, die Frau des Nächsten zu begehren.
Aus dem Spanischen von Sabine Giersberg. WAT 576. 192 Seiten.

David Bainbridge *Das X in Sex*
Wie ein Chromosom unser Leben bestimmt
Die Gene bestimmen unser Leben. Noch nie wurde die Geschichte der Chromosome und ihrer Entdeckung so verständlich und unterhaltsam erzählt. Ein winziges, genetische Informationen tragendes Teilchen legt unser Geschlecht fest, ist für lebenslange Krankheiten verantwortlich, greift in Abläufe unseres Körpers ein. Der Übeltäter, um den es geht, ist das X-Chromosom. Im Wechselspiel mit seinem Gegenpart, dem Y, beeinflusst das X in komplexer und subtiler Weise unser Leben – vielleicht sogar die Ausrichtung unserer Sexualität.
Aus dem Englischen von Sebastian Vogel. WAT 507. 240 Seiten.

Héctor Abad *Kulinarisches Traktat für traurige Frauen*

»Niemand kennt die Rezeptur des Glücks« – so beginnt der Kolumbianer Héctor Abad sein »Kulinarisches Traktat« und gibt doch einige Hinweise darauf, wie traurige Frauen aufzuheitern sind. Wir erfahren, wie man »Blumenkohl im Nebel« zubereiten muss, damit er zum Mittel gegen Melancholie wird, welche Auswirkungen Langusten und Koteletts auf das Gemüt haben und dass das Horn eines Triceratops, auf kleiner Flamme gekocht, ein sicheres Mittel gegen Schuldgefühle ist.

Aus dem kolumbianischen Spanisch von Sabine Giersberg. WAT 546. 128 Seiten.

Tania Blixen *Babettes Fest*
Roman

Tania Blixens berühmte Erzählung ist das lukullische Märchen von einer Köchin, die auszog, die Bescheidenheit zu lernen, und dafür mit einem Fest der Sinne dankt.

Still und poetisch erzählt Tania Blixen die Geschichte einer großen französischen Köchin, die es, nachdem sie arbeitslos wird, in eine kleine norwegische Stadt verschlägt. Liebevoll aufgenommen von zwei pietistischen Schwestern, lebt sie viele Jahre ruhig und bescheiden als ihre Bedienstete, bis sie eines Tages die Gelegenheit findet, noch einmal in ihrer Kochkunst zu schwelgen, um ein meisterhaftes und romantisches Dinner für ihre Freunde zu zaubern.

Aus dem Englischen von W. E. Süskind. WAT 575. 80 Seiten.

Wenn Sie mehr über den Verlag oder seine Bücher wissen möchten, schreiben Sie uns eine Postkarte (mit Anschrift und ggf. E-Mail). Wir verschicken immer im Herbst die *Zwiebel*, unseren Westentaschenalmanach mit Gesamtverzeichnis, Lesetexten aus den neuen Büchern und Photos. *Kostenlos!*

Verlag Klaus Wagenbach Emser Straße 40/41 10719 Berlin
www.wagenbach.de